ÉCONOMIE SOCIALE

Hubert-Valleroux

Avocat à la Cour d'Appel de Paris

La Coopération

VICTOR LECOFFRE

La Coopération

Bibliothèque d'Économie sociale

Collection publiée sous la direction de M. HENRI JOLY

VICE-PRÉSIDENT DE LA SOCIÉTÉ D'ÉCONOMIE SOCIALE

VOLUMES PARUS :

La Coopération, par M. P. HUBERT-VALLEROUX, avocat à la Cour d'appel de Paris.

Cartells et trusts, par M. Et. MARTIN SAINT-LÉON. *Deuxième édition.*

Les Grèves, par M. LÉON DE SEILHAC.

Mendiants et Vagabonds, par M. LOUIS RIVIÈRE. *Deuxième édition.*

La Population, par M. DES CILLEULS, membre du Comité des travaux historiques et scientifiques. *Deuxième édition.*

La Petite Industrie contemporaine, par M. VICTOR BRANTS, de l'Académie royale de Belgique, professeur à l'Université de Louvain. *Deuxième édition.*

Chaque volume in-12. Prix : 2 fr.

EN PRÉPARATION :

Les Habitations à bon marché, par M. CHEYSSON, de l'Institut, professeur d'économie industrielle à l'École des mines.

L'Alcool et l'Alcoolisme, par M. JACQUES BERTILLON, chef des travaux statistiques de la ville de Paris.

Corporations et Syndicats, par M. FAGNIEZ, de l'Institut.

La Réglementation du travail, par M. BÉCHAUX, correspondant de l'Institut.

L'Enseignement populaire, par M. A. DELAIRE, secrétaire général de la Société d'économie sociale.

L'Apprentissage et l'Enseignement professionnel, par M. MAX TURMANN, professeur au Collège libre des Sciences sociales.

La Vie communale, par M. ETCHEVERRY, ancien député.

La Paroisse et ses œuvres, par M. l'abbé LESÊTRE, curé de Saint-Etienne du Mont.

L'Assurance sur la Vie, par M. ÉT. ISABELLE, ancien élève de l'Ecole polytechnique.

Les Assurances industrielles, par M. ALBERT GIGOT, ancien préfet de police, fondateur du syndicat des Maîtres de forges.

La Réforme administrative, par M. AUBURTIN, maître des requêtes honoraire au Conseil d'Etat.

La Famille, par M. A. MASCAREL, ancien magistrat.

L'Héritage et le régime des successions, par M. A. SALEILLES, professeur à la Faculté de droit de Paris.

L'Enfance coupable, par M. HENRI JOLY.

Les Populations rurales, par M. G. BLONDEL, professeur à l'Ecole des Hautes Etudes commerciales.

Le Salaire, par M. M. DUFOURMANTELLE, maître de conférences à la Faculté de droit de Paris.

Les Caisses d'épargne, par M. LEPELLETIER, professeur à l'Institut catholique de Paris.

La Police, par M. PUIBARAUD, inspecteur général des services administratifs.

La Vie nationale, par M. CHARLES BENOIST.

L'Armée, par M. le colonel LYAUTEY.

La Vie internationale, par M. VAN DER SMISSEN, président de la Société belge d'Economie sociale.

TYPOGRAPHIE FIRMIN-DIDOT ET Cie. — MESNIL (EURE).

ÉCONOMIE
SOCIALE

P. Hubert-Valleroux
Avocat à la Cour d'Appel de Paris

La Coopération

PARIS
LIBRAIRIE VICTOR LECOFFRE
RUE BONAPARTE, 90
1904

INTRODUCTION

Parmi les institutions destinées à améliorer la situation des travailleurs et même, on peut le dire, celle des consommateurs en général et qu'a vues naître le siècle dernier, les Sociétés coopératives tiennent une assez belle place. Absolument inconnues au commencement du XIXe siècle, elles sont aujourd'hui répandues dans toutes les contrées industrieuses de notre ancien continent et ont pour partisans et pour soutiens — ce qui n'est pas ordinaire — à la fois des théoriciens et des hommes de pratique.

Et ce qui surprend, c'est que ces associations n'ont pas une forme unique, le même nom s'applique à diverses institutions fort distinctes, ce qu'elles ont de commun c'est leur historique, c'est l'esprit qui animait leurs fondateurs, aussi faut-il commencer par raconter leur origine; on comprendrait mal sans cela leur forme et leur action [1].

1. On ne trouvera pas dans ce travail ce qui regarde les coopératives de crédit : banques populaires, sociétés de crédit mutuel. Il en sera traité dans un autre volume.

LA COOPÉRATION

PREMIÈRE PARTIE

HISTORIQUE

§ 1. — Avant 1848.

Le mot de sociétés coopératives est relativement ancien en Angleterre, il y était déjà employé avant 1840; en France nous ne le trouvons pas avant 1863 et il nous est venu d'Angleterre. Faut-il en conclure que l'institution est d'origine anglaise et n'existe en France que depuis moins de quarante ans? Mais le mouvement chez nous est bien plus ancien; la première société coopérative française date de 1834, seulement elle portait le nom d'association ouvrière et ce nom a été porté par les sociétés du même genre jusqu'en 1863, soit pendant plus de trente ans où le nom ancien, la désignation d'origine nationale, a cédé pour faire place au nom nouveau venu de l'étranger; on dira plus loin comment.

L'École de Buchez. — L'initiative du mouvement qui a créé les associations ouvrières n'est pas venue des ouvriers, mais d'une école de philosophes et de penseurs et c'est un spectacle ordinaire. Les travailleurs manuels sont rarement les auteurs des institutions faites dans leur intérêt; elles viennent habituellement des hommes ayant l'instruction et des loisirs, de ceux que les socialistes maudissent et attaquent sans cesse sous le nom de capitalistes et de bourgeois. C'est un de ces bourgeois, et un homme de plume, mais qui n'en faisait pas un moyen de s'enrichir, J.-P. Buchez [1], qui eut le premier en France l'idée de l'association ouvrière.

Buchez avait été frappé du désordre qui régnait dans le monde du travail vers 1830. C'était une époque de grande prospérité matérielle, mais acquise au prix de beaucoup de souffrances chez les ouvriers. L'industrie prenait un grand développement, on bâtissait des usines, le travail fait jusqu'alors à la main, commençait à être exécuté par des machines, certains chefs de maisons faisaient des fortunes inconnues autrefois des hommes de leur métier et de leur condition et ne montraient cependant aucun souci des ouvriers qu'ils employaient. Ils se bornaient à leur donner le salaire convenu et ils en tiraient tout ce qu'ils pouvaient, soucieux seulement de s'enrichir et considérant leurs salariés comme de véritables instruments. C'était la suite des idées matérialistes qui avaient été inculquées à cette génération; on lui avait enseigné qu'elle ne devait songer qu'à s'enrichir. M. Buchez voulait que l'on s'occupât de ces salariés, qu'on améliorât leur condition, mais comment? S'adresser à la conscience des patrons et leur rappe-

1. Il exerça, en 1848, d'importantes fonctions publiques et ne gagna rien dans une situation qui en aurait certainement enrichi bien d'autres. Il vécut toujours d'une manière très modeste et ne laissa rien à sa mort.

ler leurs devoirs lui semblait long et incertain ; il crut qu'on y arriverait mieux en organisant autrement la manière dont s'exécute le travail. Il rédigeait alors avec quelques jeunes gens qui suivaient ses idées, un journal mensuel, le *National,* devenu plus tard l'*Européen*, et c'est là qu'il exposa ses idées.

Il faudrait, disait-il, que des ouvriers du même endroit, et appartenant aux métiers où le travail se fait encore à la main, se connaissant bien et animés d'une foi commune, fissent entre eux un contrat de société conformément aux règles du Code de commerce. Ils loueraient un local, apporteraient leurs outils et les objets fabriqués en commun sous la direction d'un *gérant* élu par ses camarades, seraient vendus au bénéfice de l'Association..

Les ouvriers associés recevraient aux époques habituelles, toutes les quinzaines, toutes les semaines, ou tous les mois, l'équivalent du salaire journalier qu'ils auraient touché chez un patron, et le surplus représentant les bénéfices se diviserait en deux parts : l'une pour les associés, l'autre pour former un *Fonds indivisible.*

Ce Fonds indivisible, auquel les disciples de Buchez et lui-même attachaient une importance telle que l'un d'eux l'appelait « l'arche sacrée qu'il faut toujours accroître et jamais réduire et sans laquelle le principe sauveur de l'association n'aurait pas sa vertu », était destiné à permettre de donner à l'Association peu à peu une telle étendue qu'elle finît par comprendre tous les ouvriers pratiquant la même profession dans une même localité. Ces associations, si le gouvernement leur devenait favorable, auraient le pouvoir de posséder, elles pourraient régler les conditions du travail, organiser des institutions de prévoyance et d'assistance. Enfin les ouvriers manuels, au lieu d'être des salariés sans assurance de l'avenir, seraient propriétaires tous ensemble de leurs instruments de travail et érigeraient des institutions destinées à garantir leur vieillesse ou à les aider dans les difficultés de la vie.

On sera frappé sans doute de la similitude qu'il y a entre l'organisation rêvée par Buchez et celle que réclament aujourd'hui les partisans des associations professionnelles. Seulement ces derniers ne se doutent pas qu'ils ont eu des prédécesseurs, et de plus, ils ne songent pas à faire quoi que ce soit, à moins d'être aidés par les législateurs. Il leur faut des lois qui organisent de toutes pièces leur système (d'ailleurs très peu net dans leur esprit) et qui y joignent la contrainte; ils n'entendent pas faire une tentative spontanée et libre. Buchez, au contraire, et ses disciples, tout en désirant une législation qui seule pouvait assurer au système son entier effet, ne renonçaient pas à commencer de suite à le mettre en application. Ces associations que nous proposons, disaient-ils, auront dès à présent ce bon effet de montrer ce que peuvent les travailleurs associés et d'habituer ces mêmes travailleurs à conduire leurs affaires. Lorsqu'ils auront à organiser et diriger les vastes associations que formeront tous les ouvriers d'un métier, ils seront déjà au courant, ayant l'expérience et la pratique d'associations plus petites, mais poursuivant le même but et par mêmes moyens.

La première association. — Mais comment provoquer la formation de ces associations? Car si des penseurs peuvent les concevoir et en donner le modèle, seuls des ouvriers sont en état de les exécuter. Il s'en trouva quelques-uns qui, en 1834, fondèrent à Paris l'*association des ouvriers bijoutiers en doré.* Le peu d'argent nécessaire à l'installation et au loyer d'avance avait été fourni par quelques amis de l'idée. C'était l'un d'eux aussi qui avait rédigé les statuts, et si je marque ce détail, c'est que beaucoup de sociétés naissantes n'y prennent pas garde, elles estiment que c'est là un objet sans importance, et elles ont tort. Bien en prit à l'association des bijoutiers d'avoir des statuts corrects, car presque dès ses débuts elle eut à subir un procès de la part de l'un de ses membres qui regrettant de s'être engagé, voulait faire rompre le contrat en alléguant qu'il s'était par mégarde fourvoyé dans une association illicite. Le tribunal de commerce, sur le vu des statuts conformes au Code de commerce et régulièrement publiés, déclara l'association valable et débouta l'auteur du procès.

Seulement l'association des bijoutiers n'osait pas prendre ouvertement le nom d'*association ouvrière*. Ce nom qui aujourd'hui, non seulement est sans péril, mais est avantageux, était alors un danger; elle était pour le public, la Société en nom collectif Leroy-Thibaut et Cie. Elle resta la seule association ouvrière jusqu'en 1848.

§ 2. — Période de 1848.

L'idée se répand. — La Révolution du 24 février fut une révolution politique, mais de suite après, la question sociale, ou si l'on veut la question économique se trouva posée. L'industrie était arrêtée, les ateliers étaient fermés, la population ouvrière était sans ouvrage, c'est alors, tandis que le gouvernement provisoire s'ingéniait à lui procurer quelques travaux, ou plutôt des secours auxquels on voulait bien donner le nom de salaire, que fut lancée à cette foule l'idée de l'association ouvrière.

Ces gens, qui d'ailleurs n'avaient aucune notion économique pour la plupart, apprirent avec surprise et ravissement qu'en s'associant pour travailler à leur compte et en choisissant eux-mêmes leurs chefs, ils allaient changer leur sort et celui de toute la classe laborieuse. Et ceci n'était pas une supposition ou une utopie, l'idée avait été bien conçue, longuement mûrie et avait reçu un commencement d'exécution, c'était l'association des bijoutiers, si longtemps obscure, et que l'on montrait maintenant comme un modèle. Des associations surgirent de tous côtés, à Paris et au dehors dans les professions les plus diverses ; on en compta bientôt des centaines.

Inutile de dire que ceux qui les composaient n'avaient d'ordinaire aucune des qualités nécessaires pour réussir. Ils ne savaient ni conduire une maison, ni vendre, ni acheter, ils ignoraient qu'il ne suffit pas de produire, mais qu'il faut écouler les produits et pour cela chercher des acheteurs. Le capital ne leur manquait pas moins : l'association des formiers (fabricants de formes pour chaussures) commença avec 30 francs, celle des lunettiers avec le fonds d'un petit patron acheté à crédit 650 francs, car aucun des associés n'avait d'argent ; on réputait bien pourvues les associations qui avaient de 3 à 400 francs. Quant aux dispositions morales des associés, ce qui était à vrai dire la partie la plus importante, elles variaient beaucoup. Quelquefois c'étaient des gens ne se connaissant pas, ou très peu, qui se réunissaient parce qu'ils avaient entendu dire qu'en s'associant ils se trouveraient dans une situation prospère et verraient s'aplanir toutes les difficultés de la vie. D'autres au contraire, sans être bien instruits des difficultés pratiques de leur tentative, étaient cependant décidés à faire tous les sacrifices pour la mener à bien. On trouvait chez plusieurs d'entre eux une foi d'apôtre : ils croyaient travailler pour le triomphe d'une juste cause, pour changer la condition des travailleurs, des hommes de leur classe, et non la leur seulement.

« Votre fonction, à vous, créateurs de l'association, disait à ses camarades le représentant du peuple Gilland, ouvrier serrurier, est à la fois celle du martyre et de l'apostolat... il faut que chacun de vous s'oublie à toute heure du jour pour penser aux autres et qu'il dise sans cesse que le présent doit être sacrifié à l'avenir, comme un père se sacrifie à ses enfants. » Et le gérant de l'association des tailleurs pouvait dire avec vérité : « Ce que nous possédons est le fruit de notre travail, de nos économies, de nos sacrifices de chaque jour. Chacun de nous se fait pauvre pour que l'association devienne riche. Nous n'aurons rien en propre à transmettre à nos enfants, mais nous avons l'espoir de leur léguer un meilleur avenir et la conviction que l'exemple que nous leur donnons fructifiera pour eux et pour le monde[1]. »

Ce sont de pareils sentiments qui expliquent l'admirable abnégation de plusieurs de ces hommes; à côté des associations sans consistance et sans avenir, il s'en trouva d'autres qui firent preuve d'une véritable intrépidité en face des difficultés et de la mauvaise fortune et dont l'histoire, on peut le dire, est héroïque

L'aide de l'État. — Comme dans notre pays les re-

1. Les associations ouvrières d'alors prenaient ordinairement le nom d'associations « fraternelles ».

gards se tournent presque invinciblement vers l'État, et qu'on est trop porté à lui demander son aide, il fut naturellement sollicité d'aider l'institution nouvelle, ces associations ouvrières dont on espérait tant et qui devaient changer le sort de la classe laborieuse.

Dès après la révolution de Février, en mars 1848, le gouvernement provisoire avait concédé à une association d'ouvriers tailleurs la commande de nombreux uniformes destinés à la garde nationale. Il leur fournit un local (l'ancienne prison pour dettes de la rue de Clichy) et la matière première, en sorte que l'association remplissait le rôle d'un artisan à façon. Sans faire de profit, puisqu'elle n'était qu'un groupement provisoire, elle rendit le service de faire vivre de pauvres gens fort en peine de trouver du travail, c'est-à-dire de quoi subsister.

On demanda ensuite au gouvernement de faire plus et d'accorder aux associations ouvrières un prêt d'argent.

Il s'agissait de faire réussir une institution nouvelle qui devait transformer le sort de la classe laborieuse. En outre, dans un pareil moment, on ne pouvait s'étonner que l'État vînt en aide à tant d'ouvriers sans ouvrage. Il avait dépensé bien plus et d'une funeste manière avec les ateliers nationaux, il avait prêté 5 millions au sous-comptoir des entrepreneurs, c'est-à-dire aux patrons : il pouvait donc affecter 3 millions aux ouvriers.

Le prêt fut voté et un comité fut chargé d'en faire la répartition entre tous les groupes formés, soit d'ouvriers seulement, soit de patrons et d'ouvriers qui de Paris ou de la province sollicitèrent une avance.

Apprécier le mérite des solliciteurs était difficile, car à côté des associations formées d'ouvriers sérieux et soucieux de bien faire, d'autres s'étaient fondées uniquement pour avoir part aux subsides. Au total la moitié des sommes prêtées fut perdue ou parce que ces prêts avaient été mal adressés, ou parce que les emprunteurs échouèrent sans leur faute[1]. En fait, plusieurs associations sérieuses ne reçurent rien (plusieurs ne demandèrent rien) et elles prospérèrent cependant, alors que des associations qui avaient reçu d'importantes sommes de l'État échouèrent absolument et ne purent même restituer.

Il fallait marquer cette partie de l'historique des associations ouvrières parce qu'on est trop porté en France à s'adresser à l'État ou plutôt à la bourse des contribuables et trop peu confiant dans les efforts de l'initiative privée. Or, si les subsides fournis par les contribuables ont servi ici à soutenir quelques associations, ils n'ont certainement rien fait pour l'institution même, pour son développement et son bon succès. Elle a plutôt été décriée par l'échec d'un certain nombre d'associations subventionnées et par la perte que le Trésor subit à leur propos.

§ 3. — De 1852 à 1863.

Les suites du coup d'État. — Le coup d'État du 2 décembre 1851 fut très funeste au mouvement d'association ouvrière. On avait souvent répété que « l'association était la République dans l'atelier », le gouver-

1. Une circonstance, écrivait un contemporain, M. Louis Reybaud est à noter pour s'être plusieurs fois reproduite, c'est que les ouvriers eux-mêmes convaincus de leur impuissance et voyant leurs fonds s'en aller sans profit, ont demandé à l'État de vouloir bien dissoudre leurs sociétés et procéder à une liquidation. Ils sentaient leur responsabilité engagée et, dans leur bonne foi, ils voulaient la mettre à couvert.

nement qui venait d'être renversé, avait montré pour ces institutions nouvelles une très vive sympathie, de plus, un grand nombre de membres de ces associations avaient très publiquement manifesté leurs sentiments républicains, et plusieurs même avaient été pour ce motif arrêtés et déportés après le coup d'État, pour toutes ces raisons, plusieurs associations se dissipèrent d'elles-mêmes. Celles fondées hâtivement étaient tombées les unes après les autres, quelques associations érigées seulement pour avoir part au prêt des 3 millions avaient succombé aussi, mais plusieurs qui vivaient et prospéraient se crurent menacées et jugèrent prudent de se dissoudre.

Le gouvernement impérial ne prit cependant contre elles aucune mesure hostile, seul le gouverneur militaire de Lyon, maréchal Castellane, usant des pouvoirs exceptionnels qu'il avait reçus, déclara dissoutes toutes les associations fraternelles (c'était, on l'a vu, le nom que prenaient les associations ouvrières) existant dans le ressort de son gouvernement; or Lyon était, après Paris, l'endroit où il y en avait le plus.

Ce n'est point que ces associations eussent fait acte de politique, mais le maréchal, peu instruit des questions économiques, partageait l'idée courante de beaucoup de gens d'alors qui voyaient dans les associations ouvrières une forme dangereuse du mouvement socialiste. On trouvait, en effet, chez nombre de particuliers, une extrême crainte de ces associations auxquelles on prêtait toutes sortes d'intentions très nuisibles à l'ordre public, et même au repos des citoyens.

On cessa donc, pendant dix à onze ans, de parler d'associations ouvrières. Plusieurs subsistaient cependant et presque uniquement à Paris, mais sans bruit, sans appeler l'attention.

Elles prospéraient même : l'association des ouvriers maçons devint une importante maison, assez importante pour obtenir à l'adjudication la démolition des anciennes barrières de Paris et la construction de la nouvelle gare du chemin de fer d'Orléans (place Walhubert), grosses entreprises qui la plaçaient parmi les premiers entrepreneurs. C'était un beau succès pour une société d'ouvriers qui, en 1857, avaient débuté dans un local loué 175 francs. La société des lunettiers, commencée en 1849 avec 650 francs de dettes, était presque la première maison de sa partie (elle est aujourd'hui incontestablement la première). Ces résultats parlaient en faveur de l'association ouvrière, et si la presse d'alors n'en disait rien, les ouvriers y pensaient volontiers et souvent. L'attention du public fut à son tour appelée sur cette question, c'était en 1863, mais d'une tout autre manière qu'en 1848.

§ 4. — Le réveil de l'idée d'Association en 1864.

NOUVEAU NOM — NOUVELLE FORME.

Comment cette idée de l'Association ouvrière fut-elle remise en faveur après onze années de silence? C'est qu'il se faisait alors en France un grand mouvement d'opinion, les esprits auxquels les discussions politiques étaient interdites se tournaient vers les questions sociales; on s'inquiétait du sort des ouvriers. Or à ce moment parut une brochure due à la plume de M. Casimir Périer (le père de celui qui fut président de la République) ayant pour titre : *les Sociétés coopératives*. C'étaient, exposait l'auteur, des institutions fort utiles, d'origine étrangère et qui en Angleterre avaient merveilleusement réussi : « Quiconque, y lisait-on, voudra raconter l'histoire des sociétés coopératives, quiconque voudra étudier les questions qui se rattachent à cet intéressant sujet devra toujours tourner ses regards vers les *équitables pionniers* de Rochdale.

« Avec une merveilleuse intelligence des besoins, des qualités, des défauts même des populations ouvrières, ils créèrent pour ainsi dire du premier jet, le modèle où il faut chercher les plus sûrs enseignements et les meilleurs exemples. »

Quelle était donc cette association d'ouvriers anglais qui devait désormais nous servir de modèle et d'exemple?

Les Pionniers de Rochdale. — « Il y a quinze ans, racontent les fondateurs de la société, dans un almanach publié en 1860, que quelques pauvres ouvriers de Rochdale pensèrent qu'il pourrait être possible d'améliorer leur condition en s'unissant pour acheter en gros les objets nécessaires à l'entretien de leurs familles.

« Ils décidèrent de verser chacun 2 pences (20 centimes) par semaine, et comme ils étaient 28, ils eurent au bout de l'année 700 francs avec lesquels ils commencèrent, c'était en décembre 1844. »

Les historiens de cette association, aujourd'hui célèbre, nous ont raconté les hésitations et les terreurs des associés lorsqu'il fallut ouvrir le petit magasin de *Toad Lane* (la ruelle du Crapaud) où ils avaient installé leur siège social, les railleries des camarades, l'animosité des boutiquiers du quartier. « Le succès fut rapide malgré tout, et en 1851 les associés étaient 600 et la vente s'élevait à 5.950 francs par semaine ». Bientôt ils eurent des imitateurs et d'autres sociétés se fondèrent sur le modèle de Rochdale.

Différence entre le mouvement anglais et celui de France. — Il faut marquer ici la profonde différence qui existe entre les deux sortes d'associations : celles fondées par les ouvriers français et celles qui ont été érigées en Angleterre. Elles se proposent de très différents objets : les associations françaises sont des sociétés de *production* et les associations anglaises sont des sociétés distributives ou de *consommation*. Il faut insister sur cette grande distinction qui partage en deux les sociétés auxquelles on donne le nom commun de sociétés coopératives.

Les sociétés de *production* sont des sociétés de travail. Leurs membres s'associent pour exercer ensemble leur profession, en vendre les produits et se partager les bénéfices. Au contraire, les sociétés de *consommation* (ou de distribution comme les nomment quelquefois les Anglais) sont formées de gens qui souvent ne sont pas de la même profession, qui travaillent chacun de leur côté et s'associent pour acheter à bon marché et de bonne qualité les choses nécessaires à la vie. Ainsi nous avons, nous Français, commencé par faire des sociétés de production et les Anglais des sociétés de consommation.

Mais nos associations avaient eu un assez mauvais succès, on l'a vu, tandis que la société de Rochdale avait trouvé des imitateurs et des imitateurs heureux. En 1862 on recensait en Angleterre 450 coopératives ayant ensemble 90.000 membres avec 11.250.000 francs de capital. Elles avaient fait l'année d'avant 58.750.000 francs d'affaires qui avaient donné 2.150.000 francs de bénéfices.

Voilà les chiffres que l'on citait et qui étaient, il faut le reconnaître, autrement encourageants que les nôtres de 1848, aussi n'était-il pas question de ce qui avait été tenté en France. L'auteur de la brochure, et ceux qui à sa suite s'enflammèrent pour l'idée nouvelle, ne connaissaient que les exemples de l'étranger ou du moins n'en citaient pas d'autres et c'est ainsi que l'institution perdit en France le nom d'*Association ouvrière* qu'elle avait eu à l'origine pour prendre le nom importé d'Angleterre de coopération, nom qui est resté.

Le mouvement en France. — On commença donc, pour imiter les Anglais, par créer quelques sociétés de consommation, mais on créa, au début tout au moins, surtout des sociétés de production, l'idée était restée parmi les ouvriers et puis les quelques associations qui avaient survécu, solides maintenant et quelquefois prospères, étaient de tentants exemples, on voulait en attendre beaucoup. Il s'était de plus formé une société destinée à promouvoir le mouvement, et qui a eu sur le développement de la coopération en France une très sensible influence : c'est le *Crédit au travail*.

Le *Crédit au travail* était une banque populaire fondée par un ancien disciple de Cabet, mais où se rencontraient comme adhérents, des hommes de toutes les opinions politiques et religieuses unis par le désir d'être utile aux ouvriers. Ils avaient souscrit ensemble un faible capital de 20.000 francs, mais qui augmenta ensuite. Le but le plus apparent de cette banque était de faire aux sociétés coopératives qui voudraient se fonder, mais surtout aux sociétés dites de production, les avances nécessaires, et de les aider après à fonctionner, en escomptant leurs effets de commerce ou même par des prêts directs, mais ses fondateurs entendaient bien en faire surtout un instrument et un centre de propagande. La société commença par aider à la fondation d'un journal mensuel : l'*Association*, qui fut remplacé ensuite par un autre, la *Coopération* (c'était le nom nouveau), qu'elle crédita même dans une certaine mesure. Son siège social servait à divers comités consultatifs ou autres qui renseignaient les ouvriers désireux de fonder des associations ou arrêtés par quelques difficultés dans le fonctionnement de celles dont ils faisaient partie. Plusieurs fois même on les réunit, dans des cas intéressants, comme lorsque le gouvernement rédigea un projet de loi sur les sociétés coopératives. Enfin, le *Crédit au travail* devint le vrai centre du mouvement coopératif.

L'attitude du gouvernement et la loi du 24 juillet 1867. — Le gouvernement dont on pouvait redouter l'hostilité se montra, grâce à l'influence personnelle de son chef, car Napoléon III était fort incliné vers les questions sociales, facile et même favorable. Un projet de loi fut même préparé par le Conseil d'État sur les « sociétés de coopération ». Mais alors les gérants de la plupart des associations parisiennes réunis au siège du *Crédit au travail*, publièrent une sorte de manifeste disant : Nous ne demandons que le droit commun et ne voulons point de législation spéciale. Veut-on nous servir? Qu'on améliore la loi commune et nous en profiterons, mais qu'on ne fasse pas de loi pour nous en particulier.

Le gouvernement impérial fut surpris de cette réclamation, mais sentant bien qu'il ignorait les vrais sentiments des coopérateurs, il ouvrit une vaste enquête (c'était en 1866), qui fut conduite avec beaucoup d'impartialité et dans un esprit vraiment libéral. Il laissa les déposants s'exprimer à leur guise et critiquer même les actes du pouvoir en un temps où la critique n'était guère admise.

Il fit plus, il tint compte des observations faites et des désirs exprimés. Le Conseil d'État préparant alors un projet sur les sociétés par actions destiné à modifier le Code de commerce, il y fit ajouter un chapitre spécial ayant pour titre : « Des sociétés à capital variable » qui était fait à l'intention des coopératives, mais sans les nommer. On faisait, suivant leur désir, une loi commode, mais commode pour tout le monde, et dont elles n'étaient pas obligées de se servir. En fait, elles usèrent largement de la loi qui contenait ces dispositions et qui porte la date du 24 juillet 1867.

L'arrêt du mouvement en 1868. — Les nouvelles associations, les coopératives, comme on les appelait, prospéraient donc, bien vues à la fois des ouvriers, des hommes instruits et du gouvernement, lorsque le mouvement en avant s'arrêta au bout de quelques années, par suite de la chute du *Crédit au travail.*

Ce furent des causes purement financières qui amenèrent cette chute, la banque populaire avait eu le tort d'immobiliser ses fonds et même ses dépôts en les prêtant aux coopératives qui ne rendirent pas, ou pas à temps. Le désastre matériel fut peu sensible pour les associations ouvrières qui étaient rarement créancières, mais le désastre moral fut grand parce que le *Crédit au travail* semblait incarner le mouvement coopératif, si bien que sa ruine arrêta tout et fit supposer à bien des gens que vraiment l'institution coopérative n'avait pas d'avenir et n'était pas pratique.

Et toutefois qu'on le remarque : l'effet porta tout sur les sociétés de production, parce que c'étaient ces sociétés que recommandait et soutenait surtout le

Crédit au travail et que c'était aussi les plus en vue; peu de sociétés de consommation furent atteintes et le mouvement en ce qui les concerne ne cessa pas.

Les sociétés de production recommencèrent à progresser, mais après un arrêt de douze ans environ. Il faut venir à 1880 pour constater — sans d'ailleurs aucune cause extérieure qui l'explique — une reprise en avant du mouvement.

DEUXIÈME PARTIE

SITUATION ACTUELLE DES SOCIÉTÉS COOPÉRATIVES

CHAPITRE PREMIER

LES SOCIÉTÉS DE PRODUCTION

On commence par elles parce qu'elles sont, en France au moins, les plus anciennes et que pendant longtemps elles ont eu seules de l'importance. Qu'est-ce donc qu'une société coopérative de production? En donner une définition est difficile, il est plutôt possible de les décrire. On peut donc dire que ce sont des sociétés formées d'ouvriers d'une même profession qui mettent ensemble leur travail et un certain capital afin d'arriver à produire des objets de leur métier en vue de les vendre et de partager les résultats. Cette définition toutefois n'est pas absolument rigoureuse; elle est vraie dans la plupart des cas, mais elle comporte des exceptions, on le verra plus loin.

Confusions à éviter. — Le nom seul de coopératif n'est pas un suffisant indice, attendu que quiconque peut le prendre et qu'il n'est nullement réservé à tel ou tel. Ainsi j'ai vu pendant quelque temps sur une boutique de la rue de Rennes cette inscription : « Cordonnerie coopérative ». Or, il n'y avait point là de société, c'était un petit marchand qui, s'établissant et désirant attirer la clientèle, avait pensé qu'il y arriverait plus aisément en prenant une pareille enseigne, dans un moment où la coopération était en vogue. C'était de sa part une supercherie, mais qui n'était pas punissable et ne pouvait être empêchée.

Par contre, j'ai bien connu une société ouvrière vraiment coopérative — elle datait de 1849 — qui se gardait bien de mettre sur ses factures et autres papiers émanés d'elle, non plus que sur son enseigne, le nom de société coopérative; elle mettait société en commandite simple X. Y. et Cie, et elle aurait été fort ennuyée qu'on connût dans le monde commercial sa qualité d'association ouvrière. Pourquoi? Parce que, disaient ses gérants, notre situation est prospère, nous avons un bon crédit chez nos banquiers et chez nos fournisseurs, mais cela vient de ce qu'on nous prend pour une maison ordinaire. La bonne opinion que l'on a des sociétés coopératives dans le monde officiel et dans l'ensemble du public, ne se trouve pas dans les milieux commerçants et financiers; là on les voit avec défiance, on les considère volontiers comme des institutions éphémères, nous perdrions de notre crédit si on savait au juste ce que nous sommes.

Donc le nom tout seul n'est pas un indice.

La participation aux bénéfices. — Certains patrons soit par pure bienveillance, soit parce qu'ils pensent agir dans leur intérêt, se sont mis à donner à leurs salariés une part dans leurs bénéfices de fin d'année. Bien entendu ils le font à titre purement gracieux et sans que lesdits salariés aient rien à réclamer; ils ne prennent aucun engagement par écrit, ils se bornent à faire savoir qu'ils jugent à propos d'ajouter cela au salaire fixe qui, lui, est toujours dû. Si je note ceci, c'est qu'on a parfois confondu la participation aux bénéfices avec l'association, et qu'on cite volontiers cette bienveillance des patrons comme une sorte d'institution coopérative. Il n'en est rien : une société véritable s'entend d'une contribution entière aux chances de l'entreprise, contribution aux pertes aussi bien qu'aux gains ; le Code civil lui-même déclare qu'il n'y a pas société lorsqu'un des contractants n'a part qu'aux bénéfices seuls, si non aux pertes. Il n'y a dans le contrat de participation aux bénéfices, rien qui soit de la société, quoique le nom soit parfois employé à tort.

C'est ainsi qu'un industriel fort connu, M. Laroche-Joubert d'Angoulême, directeur d'une grande papeterie, avait établi dans sa maison le régime de la participation aux bénéfices ; seulement au lieu de remettre aux ouvriers, en espèces, le BONI auquel ils avaient droit, il le cumulait pour leur donner des actions de sa fabrique, afin de les rendre peu à peu propriétaires de l'établissement. Si, en effet, la papeterie avait fini par appartenir aux ouvriers, il y aurait eu là une coopérative ; mais comme, en attendant, il n'y avait qu'un patron, seul chef de l'usine, ayant auprès de lui un certain nombre de commanditaires, sans droit aucun dans la conduite de l'entreprise, possédant seulement une portion du capital social et, par suite, un droit aux bénéfices annuels, ce n'était pas là une société. M. Laroche-Joubert appelait volontiers son usine une papeterie coopérative, le terme n'était pas exact.

D'autres maisons qui, elles aussi, sont devenues

des sortes de coopératives, mais d'un genre très particulier, et absolument unique, sont l'ancienne maison Leclaire de Paris (peinture en bâtiment) et Godin de Guise (Aisne).

M. Leclaire, ancien ouvrier, devenu patron, avait puisé dans la lecture des sociologues de son temps — c'était vers 1840 — un grand désir de voir les salariés intéressés dans les entreprises qui les occupent. Et comme il le désirait de bonne foi, il résolut d'en donner l'exemple et de commencer dans sa propre maison. Cela se faisait déjà pour des employés de commerce d'un rang élevé, pour des chefs de groupe ayant une certaine autorité avec de l'initiative, mais non encore pour des salariés aux ordres directs du patron. Il proposa donc à ses ouvriers de leur donner une part dans ses bénéfices, s'il en faisait, sans qu'ils eussent à redouter aucune contribution aux pertes.

Comme on était alors à une époque de grande prospérité pour la bâtisse, la maison prospéra, et M. Leclaire, sentant venir l'âge de la retraite et désirant pousser à bout son dessein de rendre sa maison propriété de ses ouvriers, leur transféra peu à peu la propriété de son entreprise, et aujourd'hui l'ancienne maison Leclaire devenue maison Redouly et Cie est une société en commandite simple. Il y a trois gérants qui sont associés en nom collectif; l'un d'eux, M. Redouly, donne son nom à la société. La commanditaire est une caisse de secours; c'est elle qui est vraiment propriétaire de la maison. Les bénéfices sont répartis ainsi : 18,75 % aux gérants, 31,25 % à cette caisse de secours, qui aide les ouvriers en cas de maladie, d'infirmités, de vieillesse, le reste est distribué entre ceux qui ont été occupés par la société.

Il n'y a point là coopération puisque l'ensemble des ouvriers n'a sur la maison aucun droit de propriété. C'est une organisation très ingénieuse, très secourable aux travailleurs, qui a même l'avantage de ne leur point permettre d'aliéner et de dissiper leur part, mais ce n'est point ce que l'on nomme communément de la coopération.

La maison Godin est aussi la fondation d'un ancien ouvrier devenu patron, et grand patron; il fabriquait des ustensiles de chauffage. Comme ce M. Godin était un adepte très fervent du socialiste Fourier, il voulut travailler à mettre à effet les doctrines de son maître et il entreprit — ce fut la seule tentative faite en ce sens — de construire un phalanstère. C'est auprès de Guise, petite localité du département de l'Aisne, que M. Godin fit élever pour y loger ses ouvriers, un immense bâtiment qui avait les proportions d'un village et qui comprenait, avec des logements variés, des cuisines et des réfectoires pour les repas en commun (facultatifs toutefois), des écoles et des crèches auxquelles il avait donné les noms empruntés à son maître de « bambinat », « pouponnat » etc. Et puis, et ceci est la partie qui a trait à mon sujet, il fit de ses ouvriers les propriétaires de son usine, en stipulant qu'ils auraient droit chaque année à une part dans les bénéfices, mais que ces bénéfices ne leur seraient pas versés en nature, ils devraient être employés à acheter pour leur compte des parts de l'usine, de manière à les en faire devenir peu à peu propriétaires.

La valeur de l'établissement étant grande, il aurait fallu aux ouvriers un très long temps pour parvenir à la propriété. M. Godin hâta le résultat en léguant à ses ouvriers la part de propriété qu'ils n'avaient pas encore, soit les deux tiers. Actuellement l'établissement est propriété de 1.800 ouvriers, qui gèrent la maison et se partagent les bénéfices (321.000 francs en 1899, dernier chiffre à ma connaissance). Seulement il y a ceci de très particulier dans leur droit de propriété, qu'il finit lorsqu'ils quittent l'usine, c'est-à-dire que leurs actions leur sont alors remboursées (ou sont, en cas de décès, remboursées à leurs ayants droit).

Ces co-propriétaires de l'usine sont de trois sortes : des associés qui seuls ont part à la conduite des affaires, des sociétaires qui ont une part dans les profits, mais moindre que celle des associés, des auxiliaires qui ont une part, mais plus réduite encore et seulement après qu'ils ont travaillé un an dans la société. Les héritiers Godin ont des parts de capitalistes, mais ces parts n'ont droit qu'à la moindre portion des bénéfices (un dixième environ). Il y a là si l'on veut une société coopérative, mais d'une sorte très particulière.

Il fallait nommer en passant ces deux sociétés parce qu'elles ont un grand renom et sont souvent citées. La société Leclaire est plus connue en France où les partisans de la participation aux bénéfices aiment à la donner comme un parfait modèle et comme l'achèvement de leur doctrine. La fondation de M. Godin a plus de renom à l'étranger, en Angleterre surtout et les coopérateurs anglais ne viennent guère sur le continent sans visiter le familistère de Guise, qui leur paraît un modèle à proposer. C'est à leurs yeux le type parfait de la coopération. Ils s'étonnent que le familistère, qui date d'un demi-siècle environ, soit resté seul et n'ait été imité nulle part[1].

1. On cite quelquefois aussi les magasins du *Bon Marché* qui sont propriété d'une partie des employés — environ 800 sur 3.000. — Mais les actions possédées par ces 800 sont réparties de la façon la plus inégale, on ne peut dire qu'il y ait là une coopérative.

Revenons maintenant aux coopératives de production proprement dites, ayant la forme habituelle et ordinaire.

§ 1. — Statistique des Coopératives de production.

Nombre des sociétés. — Il n'y a pas de chiffre assuré, parce qu'il n'y a nul centre du mouvemen où l'on puisse se renseigner d'une façon certaine. Les coopératives existent à l'état isolé; une institution dont il sera parlé plus loin en groupe une partie, mais non pas toutes, et nulle statistique officielle n'est dressée. Si l'on en croit un document de source privée, l'*Almanach de la coopération française* pour 1903, le nombre des associations serait de 304, dont 128 à Paris et 176 dans les départements. Une autre publication de source officieuse sinon officielle, le *Bulletin de l'Office du travail,* publié par les soins du ministre du commerce, donne au 31 juillet 1903 « d'après les renseignements fournis par les préfets », un chiffre plus fort : 335 (non compris l'Algérie et la Tunisie) dont 155 sociétés pour le département de la Seine.

La répartition sur le sol français est très inégale : certains départements ont un nombre appréciable de sociétés : 16 dans le Rhône et autant dans la Gironde, c'est la présence des deux villes de Lyon et de Bordeaux qui en est cause. Marseille, la seconde ville de France par sa population, n'en a que 4. On en trouve en revanche 11 dans la Haute-Vienne qui paraît être un foyer coopératif très actif. D'autres départements n'en ont pas du tout.

Au regard des professions, c'est le bâtiment qui

donne le plus ; au delà de 60 associations. Quelques-unes font le bâtiment dans son entier, d'autres la charpente, la menuiserie etc. Après, mais bien loin après, viennent les cochers : 17 associations, presque toutes à Paris, les typographes 11 associations, les cordonniers 12 associations, puis quantité d'autres associations qui ne s'appliquent qu'à un ou deux métiers.

Le nombre des membres de chacune de ces associations est singulièrement variable ; il dépasse parfois la centaine et peut tomber à une demi-douzaine ou moins. Les deux sources que je viens de marquer ne nous donnent de ce chef aucune indication. Il faut, pour en trouver, se reporter à un document vieux de quelques années déjà et publié aussi par l'*Office du travail* qui relève du ministère du commerce. D'après ce document, en 1897, il y avait 9.000 membres environ dans les sociétés de production (elles étaient alors un peu moins nombreuses qu'aujourd'hui). Le rapport de M. Gide sur l'Exposition d'économie sociale en 1900 donne le chiffre de 12.000[1]. La publication officielle fait remarquer que le nombre total des ouvriers salariés étant en France de 3.000.000, le chiffre de 9.000 coopérateurs (mettons 12.000 si l'on veut) est petit par comparaison.

Capital et gains. — Le même document nous assure aussi (mais sans dire comment ces chiffres ont été obtenus) que le capital possédé par ces sociétés s'élevait

1. Le délégué à l'Exposition d'Hanoï de la *Chambre consultative des associations de production* dont il sera parlé plus loin et qui vise à représenter la coopération entière, a déclaré dans un discours que les coopératives de production avaient 30.000 membres et avaient fait en 1901 pour 100 millions d'affaires. *L'Association ouvrière*, organe de cette *Chambre consultative* qui rapporte ces chiffres (14 février 1903), ne dit pas où ce délégué les a pris.

à 13 millions; elles avaient fait dans l'année pour 30 millions d'affaires (40 millions, dit le rapport de M. Gide) avec un bénéfice total de 2.400.000 francs. — Bien entendu, c'est un chiffre total qui se répartit de la façon la plus inégale. Il y a des associations florissantes qui sont de grandes maisons dans leur partie, il y en a qui végètent ou succombent. La publication officielle nous apprend que la moitié seulement de ces associations ont fait un bénéfice, les autres, ou ont fait seulement leurs frais ou se sont trouvées en perte.

Quelques associations ont une situation très belle : citons par exemple l'*Association des lunettiers*, fondée en 1849, qui occupe plus de 1.400 personnes et est certainement la première maison de sa partie.

L'*Association des charpentiers de Paris* serait, d'après un rapport de M. Fontaine de l'Office du travail, « la plus importante maison de France » dans le métier, ses membres se seraient, d'après le rapport de M. Gide, partagé en 1901, 300.000 francs de bénéfices.

La plus importante maison de peinture en bâtiment serait aussi une société coopérative, si l'on en croit M. Buisson, gérant de cette association dite : « Le travail ». Il assure (*Association ouvrière*, 27 décembre 1902) que cette société commencée modestement en 1882 a fait dans les dix-neuf exercices précédents 9.291.000 francs de travaux, a payé 4.485.547 francs de main-d'œuvre, a réparti entre les travailleurs, associés ou non, 278.982 francs puis entre les actionnaires (tous associés) 677.000 francs, enfin a versé 171.000 francs à la caisse de retraites et de secours destinée à ses membres. Elle a 900.000 francs de créances chez ses clients, fait bâtir un vaste immeuble à son usage et M. Buisson ajoute que sur les travaux que va faire exécuter la ville de Paris, il y aura bien 4 à 5 millions pour la société qu'il dirige. Les sociétés parisiennes du bâtiment ont même formé entre elles une « Société de la construction coopérative » pour acheter des terrains, bâtir des maisons de rapport et les revendre.

Ce sont là de beaux chiffres que l'on cite volontiers, mais qui sont aussi de brillantes exceptions, il ne faut pas l'oublier.

§ 2. — L'étranger.

La France est le pays qui incontestablement contient le plus grand nombre de sociétés de production et il y en a une raison historique. Ces sortes de sociétés y ont été fondées les premières, elles ont eu de la renommée, elles ont provoqué même des enthousiasmes, et tout cela a fait qu'elles ont surtout attiré l'attention et gagné les ouvriers. Ce n'est point qu'il n'y ait de ces associations dans les autres pays, mais elles sont peu nombreuses. En Angleterre, après 1848, il s'était fait un mouvement pour la création d'associations ouvrières dans le genre de celles de France, quelques-unes se fondèrent. Elles étaient patronnées par des hommes de la classe libérale qu'avait gagnés le rayonnement de nos idées, mais elles ne durèrent pas; et aujourd'hui, la plupart des sociétés marquées dans les statistiques anglaises comme sociétés de production, sont tout autre chose que ce que nous appelons ainsi.

Il y en a qui sont des maisons de production, fabriques, usines, érigées par les sociétés de consommation nombreuses et puissantes en Angleterre (il en sera parlé plus loin), où les ouvriers employés sont dans la condition de salariés ordinaires n'ayant part ni à la direction, ni en général aux profits.

A la vérité, il y a aussi des associations fondées et dirigées par des ouvriers que l'on nomme les *Partnerships*. Un Anglais, M. Aneurin Williams, les a décrites dans l'*Almanach coopératif* (français) de 1903 : « elles ont, dit-il, beaucoup de points de ressemblance avec nos associations de production et aussi beaucoup de points de dissemblance... Aujourd'hui nous possédons cent associations de production (Irlande non comprise), la plupart sont prospères, quelques-unes ont plus de vingt et même trente ans d'existence.

« Dans la plupart des associations de production, les sociétés de consommation sont les bailleurs de fonds et les clients les plus importants; elles exercent une grande influence dans l'administration de l'atelier coopératif ». Leur capital, ajoute-t-il, s'élève en tout à 15.333.000 francs, leur chiffre d'affaires pour 1902 avait été de 25.811.000 francs ayant donné plus de un million de bénéfices.

Un de nos compatriotes, M. Dufourmantelle, rendant compte des visites par lui faites aux coopérateurs anglais (*Annales du musée social*, mars 1903), en porte le nombre à 136 (sans doute pour toute la Grande-Bretagne et l'Irlande) faisant pour 72 millions d'affaires annuelles — un gros chiffre, on le voit — et il ajoute que la cause principale de leur réussite est dans la prudence de la gestion et la stabilité de leur personnel.

En Allemagne le terme de « coopératives de production » employé dans les statistiques a un tout autre sens que chez nous. Les sociétés dénommées ainsi, et elles sont en grand nombre, ne sont nullement nos coopératives. Les sociétés analogues aux nôtres seraient peu nombreuses en Allemagne d'après un rapport du Dr Albrecht à l'*Exposition d'économie sociale* de 1900 que cite M. Gide.

Aux États-Unis, d'après un rapport de M. Gilmann (même source) : « Il n'y a pas une seule véritable association de production; il y en avait avant 1888 », il n'y en a plus.

En Belgique, nous dit le rapport de M. Varlez, il n'y en a que dans les villes où « elles sont rares et bien jeunes encore. L'utilité même de leur fondation est très discutée ».

En Suisse, le rapport Lecointre nous dit : « Elles paraissent être en petit nombre et peu développées. » En Italie elles sont mal connues, on ne signale comme nombreuses que les sociétés de *brachianti* ou de terrassiers qui prennent à l'entreprise les travaux à exécuter et soumissionnés d'ordinaire par de grands entrepreneurs.

On voit donc qu'il n'y a guère à prendre dans ce qui se passe au delà de nos frontières. Restons donc en France et voyons maintenant comment se fondent et comment fonctionnent les coopératives de production.

§ 3. — Comment se fondent les associations de production.

Les personnes. — La première condition, puisque ce sont des associations de personnes, et que les membres de l'association doivent poursuivre une œuvre commune, c'est que les associés se connaissent bien et s'entendent bien. Il est donc indispensable qu'ils se choisissent avec soin.

Les fondateurs d'une association sont habituellement peu nombreux. Ce sont des adeptes des mêmes idées unis par la communauté de vue, ou des camarades d'un même atelier ; là chacun sait exactement ce que vaut tel ou tel de ses collègues au point de vue professionnel, ce qu'il vaut comme conduite et si l'on peut compter sur lui. Cette condition qui semble rigoureuse est nécessaire; une association formée d'hommes réunis hâtivement, par enthousiasme, aura peu de chance de durer. Beaucoup se sont formées ainsi en 1848; elles n'ont pas tardé à se dissoudre.

Il faut, de plus, se bien connaître afin de savoir qui l'on va mettre à la tête de la société. Le choix du chef est capital; suivant qu'il sera capable ou ne le sera pas, il procurera le succès de la société ou causera sa ruine.

On doit signaler comme très particulière, mais très intéressante, cette disposition d'une association de charpentiers parisiens, ceux de la Villette, qui ne reçoivent parmi eux que des compagnons. On sait que les compagnonnages, quoique fort déchus, ont encore des adeptes qui ne sont reçus qu'après avoir fait preuve de capacité, et en observant une forte discipline. C'est parmi eux seulement que se recrute la société dont s'agit.

Il arrive souvent que la société qui est obligée de commencer petitement ne puisse occuper qu'une partie de ses adhérents, les autres continuent à travailler au dehors jusqu'à ce qu'il y ait place pour eux dans l'atelier social. Ainsi l'Association des ouvriers en instruments de précision fondée en 1896, comptait cent membres en 1900 et n'en pouvait occuper que vingt. Et cependant tous les associés occupés ou non ont les mêmes droits : assister aux assemblées générales et exercer tous les pouvoirs y afférents, et entrer à leur tour dans l'atelier social etc., comme ils ont aussi les mêmes devoirs : verser les cotisations périodiques pour arriver à constituer leur apport statutaire.

Cette situation de sociétaires ouvriers non occupés dans la société étonne d'abord et avait besoin d'être marquée.

Le capital. — Avec les personnes, il faut avoir le capital, c'est-à-dire l'instrument de travail que les associés mettront en œuvre. « En 1848, déposait dans l'enquête de 1866 un ancien coopérateur, Muneaux, gérant de l'association des lunettiers, l'une des plus florissantes, les ouvriers ont mal compris leur affaire, ils ont cru que le capital n'était rien. Quelle erreur! Ah! le capital est beaucoup. »

Ce n'est pas qu'on ne puisse commencer avec un petit capital; l'association même que Muneaux représentait avait commencé avec des dettes puisqu'elle avait acheté à crédit le fonds d'un petit patron estimé 650 francs, mais cependant elle avait à sa disposition ce petit capital; elle devait le rembourser, puisqu'on lui en avait fait l'avance, mais elle en jouissait.

D'autres associations de cette époque ont commencé avec des sommes minimes : 30 ou 40 francs, et quelques-unes ont réussi, mais c'était l'âge héroïque de la coopération, et puis c'était une époque aussi où l'on n'était pas dans les conditions normales, et où l'on n'exigeait pas à la rigueur l'exécution des engagements pris, comme on le fait en temps ordinaire. Normalement il faut pour commencer, en argent ou en outils, un capital suffisant pour soutenir les débuts de l'entreprise. Bien entendu ce capital sera variable comme la sorte d'entreprise que l'on se propose de tenter. Il faut plus dans telle profession, moins dans telle autre, mais d'une manière générale, les conditions actuelles de l'industrie exigent un plus fort capital que dans le passé. Certains produits qui autrefois étaient confectionnés dans de petits ateliers, sont maintenant exécutés par des machines, les chaussures par exemple : on ne faisait jadis que sur mesure et le métier de cordonnier était l'un de ceux qui comportaient le mieux le petit atelier et le travail individuel. Il en est autrement aujourd'hui où la plupart des chaussures se font à la mécanique; les cordonniers n'ont plus guère que la chaussure de luxe (et encore de moins en moins) et surtout les réparations.

Comment donc se procurer le capital nécessaire? Deux moyens pour cela : on peut, ou le devoir à ses économies, ou l'obtenir à titre d'emprunt. Le premier moyen vaut incomparablement mieux que le second, bien qu'il tente moins au premier abord.

Société d'épargne. — Pour former un capital par voie d'économie, voici un moyen plusieurs fois employé et qui est bon : Les membres de la future association de production forment entre eux une société d'épargne, c'est-à-dire s'engagent à verser chacun entre les mains de l'un d'eux, faisant fonction de trésorier, une cotisation périodique jusqu'à ce que l'on ait ainsi la somme jugée nécessaire et que, d'ailleurs, on peut marquer à l'avance.

Ce moyen n'a pas seulement pour effet de procurer l'argent nécessaire, il a encore ce bon résultat de faire faire aux futurs associés un apprentissage qui leur servira. Ils ne savent pas d'ordinaire ce qu'est une association, ni les conditions de régularité dans les versements et dans le travail qui sont exigées pour que l'entreprise réussisse; ils ne savent pas qu'il faut une organisation stable et une autorité ferme, ils commencent ainsi à le voir, et alors se fait une sorte de sélection. Ceux qui ne se sentent pas préparés se retirent; ceux qui restent sont plus fermes.

Chaque sociétaire, en entrant, doit souscrire une certaine somme et en verser une partie. La loi même l'exige d'ordinaire : souscription d'une part qui est au *minimum* de ..... francs, et versement d'une fraction déterminée de la somme souscrite.

Le versement immédiat d'une certaine somme semble rigoureux pour des ouvriers, il est nécessaire, non seulement pour procurer à la société de quoi se fonder, mais aussi pour éprouver les dispositions des sociétaires. Proposez à un ouvrier d'adhérer à une association dont il espère tirer des avantages matériels et très appréciables, en ajoutant : il n'y a qu'à donner sa signature, il signera toujours, il s'engagera imprudemment, peut-être parce qu'il ne sent pas le sérieux et l'avenir de son engagement. S'il doit, au contraire, verser une somme d'argent, le voilà averti, son attention est éveillée, il ne fera ce sacrifice que s'il veut s'engager à bon escient.

Mais, tout en demandant cet engagement, on se souvient que les facultés des ouvriers sont limitées, on ne leur réclame d'abord qu'une partie de la somme par eux souscrite; ils versent le reste en laissant les bénéfices qui peuvent leur revenir en fin d'année et surtout, comme ces bénéfices sont éventuels et qu'il faut une source de versements assurés, par une retenue pratiquée sur leur salaire, un cinquième, un dixième, suivant les sociétés. Mais ces retenues ne peuvent dispenser du versement initial, l'association ne peut commencer, installer son atelier, etc. sans une somme absolument acquise et disponible de suite.

Le capital emprunté. — On comprend qu'il soit pénible pour des ouvriers de fournir ces sommes qui, dans certains cas, peuvent être élevées, le commencement de l'entreprise en est retardé et si ce moyen : demander l'argent aux sociétaires, est plus sage, il sert moins l'ardeur des fondateurs. Aussi est-il très tentant de demander à l'emprunt ce capital initial; on le rendra lorsque l'entreprise sera prospère, ce sera alors un sacrifice peu sensible. De plus, beaucoup de travailleurs sont découragés par la vue des sommes à fournir; ils veulent bien payer de leur personne, subir des retenues sur leur salaire, mais cotiser longtemps, ceci les arrête. Parfois les circonstances les obligent à commencer de suite; comment vont-ils faire? C'est dans ces conditions qu'apparaît l'argent du dehors; on va vous prêter (*on*, c'est tantôt l'État, tantôt des particuliers généreux); or, il faut le dire, il faut le répéter, et pour les ouvriers, et pour leurs amis, bien disposés, mais mal instruits, cette assistance du dehors est fâcheuse et ne produit pas les effets qu'on lui suppose. Prouvons-le en rapportant ce qui s'est fait en ce sens; rien ne vaut l'expérience, et rien ne démontre mieux que les faits.

A. — LES PRÊTS AUX ASSOCIATIONS OUVRIÈRES

Le prêt de trois millions. — Il fut fait par un Décret de l'Assemblée nationale du 5 juillet 1848. Ainsi qu'il a été dit, ces 3 millions devaient être prêtés aux associations formées soit d'ouvriers seuls, soit d'ouvriers et de patrons que désignerait un comité nommé par le ministre. Les prêts étaient faits à très longs termes, et remboursables par annuités, les premières étant très faibles. L'intérêt demandé était de 3 % pour les prêts inférieurs à 25.000 francs; de 5 % à partir de ce chiffre, à quoi s'ajoutait uniformément 3/4 % pour les frais. Mais pour l'époque, c'étaient des conditions avantageuses aux prêteurs.

Quel a été le résultat? On a prêté à Paris 914.500 francs à 32 associations, et dans les départements 2.035.000 francs à 29 associations (quelques-unes, associations d'un patron avec ses ouvriers, avaient obtenu de gros prêts : une seule maison avait reçu 250.000 francs). L'État ne recouvra qu'environ 1.700.000 francs ou moitié de la somme. La perte, sans doute, n'était pas grosse en comparaison des sommes énormes qui forment nos budgets, mais les 3 millions ont-ils véritablement servi la cause coopérative et aidé à répandre l'institution? Ceci est absolument douteux. Quelques sociétés ont trouvé dans ces prêts un utile secours en ce temps de crise très grave, mais d'autres, en plus grand nombre, se sont formées uniquement pour profiter du prêt et sans en savoir faire un emploi utile; elles se sont dissoutes après avoir dépensé l'argent de l'État. C'étaient des formations hâtives qui n'avaient aucun fonds sérieux, et ne se seraient pas établies sans la perspective de la somme à toucher. Au contraire, on a vu prospérer des associations qui, ayant demandé un prêt, n'en avaient pu obtenir ou qui n'avaient pas voulu en réclamer. C'était le cas, notamment, des tourneurs en chaises qui durèrent après la grande crise de 1851 et étaient devenus une maison florissante; ils disaient fièrement : « nous n'avons rien voulu devoir qu'à nous-mêmes et rester libres! »

Les prêts du Crédit au travail et de la Caisse d'escompte des associations populaires. — On comprend les prêts votés en 1848, parce qu'on était alors dans une période de crise, dans un moment difficile et qu'on pensait par là édifier une institution nouvelle dont on attendait beaucoup, mais quinze ans après on était dans un temps calme, dans une période même de prospérité matérielle où l'industrie était florissante, les artisans n'avaient donc plus, comme en 1848, besoin d'un secours extérieur. De plus, on savait maintenant ce qu'était l'association ouvrière, qu'elle était une fort bonne et utile institution, mais ne pouvait s'étendre à la classe laborieuse tout entière. On avait constaté aussi que les associations érigées avec l'argent d'autrui, avaient ordinairement un moins bon succès que les associations fondées par les ouvriers eux-mêmes et spontanément. Il n'y a pas lieu d'en être surpris, on s'attache à ce qui coûte de la peine, à ce qui a demandé des sacrifices. Lorsqu'on opère avec son argent, un argent obtenu par la voie pénible des économies, on le ménage, on en a souci. On se montre bien moins soigneux de l'argent des autres. Les ouvriers en particulier s'imaginent toujours que l'argent de l'État ou celui des bourgeois n'a rien coûté et ne mérite pas qu'on le ménage.

C'est ce qui a été oublié en 1863, lors du second mouvement coopératif. Les hommes qui s'unirent alors dans la société du *Crédit au travail* pour pousser à la formation de coopératives de production crurent de bonne foi qu'en prêtant à des ouvriers désireux de s'associer — ou se présentant comme tels — les sommes nécessaires à leur établissement, ils contribueraient à créer des coopératives et à répandre le mouvement.

La banque du *Crédit au travail* prêta donc à des groupes ouvriers, non seulement son propre capital, c'est-à-dire les sommes versées par ses actionnaires, mais encore l'argent qui lui était apporté en dépôt, soit un argent dont certainement elle était autorisée à faire emploi, puisqu'elle donnait un intérêt aux déposants, mais que cependant elle était tenue d'employer avec prudence puisqu'en acceptant ces sommes, elle promettait de les rendre.

Or ces sommes furent perdues en majeure partie. La plupart des coopératives fondées avec cet argent durent se dissoudre ou avouer qu'elles ne pouvaient se libérer, et la banque du *Crédit au travail*, après cinq ans d'existence (1863-1868), fut mise en faillite et ne put donner que 18 % à ses créanciers, c'est-à-dire surtout à ses déposants. Diverses coopératives, commanditées par elle tombèrent à sa suite, et le mouvement coopératif fut arrêté net. Dans notre pays, où tout se fait par enthousiasme, la chute du *Crédit au travail* qui, pour bien des gens, personnifiait le mouvement coopératif, était une condamnation du principe même; son impuissance était constatée; après l'avoir exaltée, on l'abandonna. Tant de sacrifices n'avaient abouti qu'à ce malheureux résultat.

Il en fut tout à fait de même de la caisse fondée dans le même but et dans le même temps par MM. Léon Say et Walras, financiers habiles pourtant, la *Caisse d'escompte des Associations populaires*. Elle prêta aussi pour fonder des associations et n'eut pas meilleur succès. Sa chute, à la vérité, fut moins éclatante que celle du *Crédit au travail* et elle ne fut pas mise en faillite, mais elle ne produisit pas plus de résultats.

Une seconde fois, le système des subsides et des créations artificielles avait montré ses inconvénients.

Le legs Rampal. — Une troisième tentative fut

pourtant faite en ce sens, mais cette fois par un particulier isolé. M. Benjamin Rampal, ancien membre de la société du *Crédit au travail*, avait été de son vivant un grand ami de l'idée coopérative. Ami bien théorique, disaient les membres des associations qui avaient fait appel à sa bourse, il voulut du moins être très généreux après sa mort et laissa la majeure partie de sa fortune — un million quatre cent mille francs — pour être employée en prêts à des associations coopératives. Il chargeait par testament le conseil municipal de Paris de choisir, entre les associations, celles qui devaient recevoir des avances, et aussi d'en fixer les conditions.

On ne peut dire que le choix du distributeur fût très heureux; voici en tout cas ce qu'écrivait à ce sujet un autre membre du *Crédit au travail*, ancien rédacteur du journal la *Coopération* subventionnée jadis par ce même *Crédit au travail*, et que ses sentiments politiques très avancés ne rendaient assurément pas suspect d'hostilité contre le conseil municipal d'alors, M. Abel Davaud: « Jamais légataire ne s'acquitta aussi mal de sa mission, jamais legs ne fut aussi fâcheusement gâché, perdu... Toutes les mains se tendirent, des associations improvisées pour la circonstance se présentèrent sans titre et sans mérite et furent accueillies. » C'est-à-dire qu'on vit se renouveler ce qu'on avait vu déjà en 1848 et ce qu'on verra toujours en cas pareil.

D'après le rapport de l'*Office du travail* en 1898, rapport officiel par conséquent (il n'est pas à ma connaissance qu'il en ait été fait depuis), sur 794.700 francs prêtés, il y avait 350.912 francs remboursés, 150.992 francs absolument perdus, 42.000 francs très risqués, le reste n'était pas encore échu. Je pourrais citer, en dehors de ceux-là, de nombreux prêts faits, ou anciennement, ou récemment, par des amis de l'idée coopérative et qui ont été perdus, les ouvriers emprunteurs attachant malheureusement peu d'importance à être d'exacts débiteurs, surtout lorsqu'il s'agit de sommes prêtées à l'association. Il leur semble alors que le prêt a été fait à une personne morale et fictive et non à aucun d'eux; ils ne doivent rien, parce qu'ils n'ont pas reçu l'argent personnellement.

C'est pour toutes ces raisons qu'il n'est pas souhaitable que les coopératives s'établissent avec des fonds empruntés.

Les membres capitalistes. — Et pourtant il y a des entreprises qui ne peuvent être menées à bien qu'avec une certaine quantité de capitaux, avec plus de capitaux que n'en peuvent fournir de simples ouvriers. Il y a alors un moyen plusieurs fois employé, c'est d'admettre dans l'association des non-travailleurs. Ils ne viennent point comme prêteurs, mais comme membres de l'association; on a à la fois des associés travailleurs et faisant en même temps leur apport dont il ne faut pas qu'ils soient dispensés et à côté, d'autres associés ne travaillant point de leurs mains, concourant à la prospérité sociale uniquement par leur apport qui sera en fait assez élevé et versé de suite.

Dira-t-on que c'est un procédé qui s'éloigne du principe coopératif et ne peut être admis dans une association ouvrière proprement dite? Mais il n'est point contraire au principe de fraternité que des concitoyens ayant mêmes idées et partisans des mêmes doctrines participent à la même œuvre par des moyens différents; chacun apportant ce qu'il peut, les uns leur travail personnel, d'autres leur concours pécuniaire. Il faut aux travailleurs manuels un certain capital, n'est-il pas aussi légitime de le demander à des associés qu'à l'emprunt? C'est ce que sentait très bien un ouvrier lorsqu'il disait : « J'aime mieux avoir affaire à un associé qu'à un créancier. »

La société des maçons de Paris, commencée en 1851 dans un local loué 175 francs, rue Saint-Victor, et qui devint une des bonnes maisons de la profession, avait employé ce moyen et s'en est louée. L'apport de quelques membres non travailleurs servit beaucoup à son développement. On voit actuellement plusieurs sociétés employer ce même procédé. Seulement elles s'imaginent qu'elles font une innovation et qu'elles créent un système encore inconnu, ce qui prouve qu'elles connaissent peu l'historique de l'institution.

On a fait remarquer d'ailleurs que peu de sociétés peuvent, dès le début, employer tous leurs adhérents, elles commencent d'ordinaire avec une partie d'entre eux seulement, les autres, en attendant qu'il y ait de la place pour eux dans l'atelier social, continuent à travailler chez leurs patrons, tout en versant leur cotisation pour constituer chacun leur part sociale. Ils jouent bien le rôle de sociétaires capitalistes.

Il est à désirer, avec la nécessité d'avoir de nos jours de plus grands capitaux qu'autrefois, que cette forme d'association se répande; elle est bonne et elle a cet avantage de procurer aux ouvriers les ressources dont ils ont besoin sans les dispenser — ce qui est essentiel — de contribuer eux-mêmes à l'œuvre commune, ou plus exactement à une œuvre qui est au fond toute dans leur intérêt.

Voilà donc trouvés les personnes et le capital nécessaire, il faut à présent les mettre en œuvre et, pour cela, rédiger d'abord les statuts, c'est-à-dire les règles constitutives de la nouvelle association.

B. — LA QUESTION LÉGALE

Les sociétés coopératives sont-elles légales en France? Il faut bien poser cette question parce qu'il règne à ce sujet d'étranges erreurs. Qu'on doute et qu'on ignore dans des milieux populaires, rien de surprenant à cela, mais on s'étonne lorsqu'on entend dire par des personnages officiels, par de hauts fonctionnaires : les sociétés coopératives n'ont pas en France d'existence légale, elles sont seulement tolérées.

Rien n'est moins exact. Les sociétés coopératives peuvent, en se conformant aux dispositions du Code de commerce et des lois qui ont amendé ce Code, avoir une situation absolument régulière et légale. Seulement, à la différence de plusieurs législations étrangères, la nôtre ne contient aucune disposition spéciale aux sociétés coopératives. Le mot de coopératif ne se trouve pas dans nos lois civiles ou commerciales. Les sociétés que l'on appelle ainsi ne se distinguent légalement pas des autres sociétés; la loi ignore s'il y a ou non des coopérateurs, elle ne connaît que des gens se conformant aux dispositions qu'elle édicte, dispositions communes à tous les citoyens.

Mais quelles sont encore ces dispositions? Les sociétés de production se proposent de produire pour revendre; donc elles sont d'après les termes de notre législation des sociétés commerciales, ceux qui les forment peuvent donc choisir entre les diverses formes commerciales de sociétés qui sont les suivantes :

I. *Sociétés en nom collectif.* — L'avantage de cette forme de sociétés est que les formalités constitutives sont les moins compliquées, les moins coûteuses. Tous les membres peuvent s'occuper de la gestion de la société. D'autre part, aucun apport n'est requis, on peut commencer avec le capital que l'on veut. L'inconvénient est que chaque associé est responsable de toutes les obligations sociales, c'est ce qu'on appelle la responsabilité solidaire, et s'il quitte, il est responsable des obligations sociales existant lorsqu'il est sorti. De plus, la société est désignée forcément par le nom de quelques-uns de ses membres : Durand, Lebrun et Cie, et ceci est très grave, parce qu'un tel associé quittant, le nom social se trouve changé. C'est peut-être pour une société ouvrière l'inconvénient le plus sérieux. La forme en *nom collectif* a été celle adoptée par la première association ouvrière, celle des bijoutiers en doré et aussi par les associations de 1848.

II. *La société en commandite.* — Une partie seulement des associés est en nom collectif et leur situation est celle qui vient d'être décrite, les autres associés sont des *commanditaires*. Ils ne sont responsables que pour une somme convenue, mais ils ne peuvent se mêler de la gestion de la société. La raison sociale ne peut être formée que du nom des associés en nom collectif.

Cette forme légale a été celle de la plupart des associations formées après 1852 et avant 1868. Il n'y avait d'ordinaire en nom collectif, que le ou les gérants. Ce qui faisait préférer ce genre de sociétés, bien qu'il fût peu démocratique, puisqu'il donnait un très grand pouvoir aux gérants, et en laissait peu aux associés, c'est que la responsabilité des commanditaires, soit de la masse des associés, était limitée à leur apport. La responsabilité solidaire qui, légalement, est celle des associés en nom collectif, n'est pas, au fond, bien effrayante pour les ouvriers de l'industrie, et parmi tant de sociétés qui se sont dissoutes sans faire honneur à leurs engagements, peu, très peu de membres ont été inquiétés. Ils n'en redoutent pas moins cette obligation, bien qu'elle soit surtout théorique, et se montrent soigneux de l'éviter. Si la forme en commandite a été abandonnée en 1868, c'est qu'une loi nouvelle a introduit à cette époque une autre forme de société, qui diminue encore la responsabilité des sociétaires et par là leur plaît davantage.

Cette forme nouvelle introduite par la loi de 1867 [1], c'est la *société anonyme*. Là nul associé n'est responsable, sinon de son apport, et cet apport peut être minime. C'est ce qui plaît surtout aux ouvriers; une responsabilité très réduite, et réduite pour les gérants de la société comme pour les simples membres. Il y a d'ailleurs d'autres et meilleures raisons de leur préférence. D'abord tous les associés ont part à la direction, ils choisissent leurs chefs à volonté, sans être contraints par la situation légale différente des uns et des autres; ils les changent et les contrôlent à leur vouloir. De plus, et c'est un grand point, la société n'est pas désignée par le nom de ses gérants, situation très dangereuse, puisqu'un changement de gérant change la désignation sociale et que même on a vu des gérants quittant la société pour s'établir à leur compte [2]. La société anonyme permet de donner à l'association un nom qui lui restera toujours : la *solidarité*, la *confiance*, l'*entreprise*, etc.

Il y a en outre parmi ces sociétés, une catégorie

1. Il y avait des sociétés anonymes avant 1867, mais elles avaient besoin d'une autorisation spéciale et depuis il n'en faut plus.

2. Les statuts le leur défendaient bien, mais alors ils étaient obligés de stipuler une indemnité, car on ne pouvait leur ôter le moyen de gagner leur vie, ou du moins de le faire en leur nom, sans leur allouer une compensation.

spéciale dite *anonyme et à capital variable* qui, pour plusieurs raisons, convient spécialement aux coopératives et est généralement préférée par eux : ainsi les coopératives de production sont d'ordinaire au point de vue légal des *sociétés anonymes et à capital variable.* Mais il ne faut pas croire, comme on l'a dit parfois, même dans les milieux officiels, où l'on devrait être instruit, que cette forme soit obligatoire pour les sociétés coopératives. Il faut le redire et le répéter : aucune forme légale n'est pour elles obligatoire. Pas une disposition de la loi ne les contraint à prendre une forme plutôt qu'une autre ; elles peuvent choisir. Il a été bien déclaré lorsqu'on préparait la loi votée en 1867, que l'on offrait aux coopérateurs des dispositions commodes, mais sans les vouloir contraindre. Des citoyens quelconques peuvent prendre la forme anonyme et à capital variable, et inversement des coopérateurs peuvent choisir la forme en nom collectif ou en commandite et il y en a des exemples.

Une loi spéciale est-elle désirable ? On a plusieurs fois, depuis quinze à vingt ans, préparé des projets de lois destinés à faire ce qui actuellement n'existe pas, une législation spéciale aux sociétés coopératives. L'un de ces projets a même été voté par la Chambre et abandonné ensuite devant les réclamations qu'il a soulevées.

Les directeurs ou représentants des coopératives ont été interrogés dans diverses enquêtes, dans celle de 1883 notamment, sur les critiques qu'ils avaient à adresser à la législation et leurs plaintes — car ils en ont fait entendre — portaient toutes, non sur la loi civile, mais sur les obligations fiscales qui leur étaient imposées. L'une des plus lourdes est la disposition de la loi de 1867 qui exige que les sociétés anonymes fassent devant notaire diverses déclarations fort inutiles en fait, mais très onéreuses. Nos législateurs peu conséquents ont d'une part permis aux sociétés à capital variable de se fonder avec peu de capitaux parce qu'on a pensé qu'elles se composaient surtout d'ouvriers et d'autre part ils ont imposé à ces mêmes sociétés des formalités si onéreuses qu'elles absorbent et au delà un capital initial modeste.

Voilà une correction qu'il est très désirable de voir faire : suppression de ces formalités coûteuses et inutiles, mais il faut la faire pour tout le monde et non pas pour certains seulement en la conservant pour les autres. Cette idée d'une législation spéciale aux sociétés coopératives qui hante certains esprits doit être absolument combattue.

Si notre législation était hostile aux sociétés coopératives, ou tellement faite que, sans les nommer sociétés, elle les empêchât de se fonder ou rendît leur établissement très difficile [1], il faudrait demander qu'on changeât de telles lois et le demander, non pour les seuls coopérateurs, mais pour tous les citoyens. Mais il n'en est pas ainsi; notre loi civile n'entrave nullement la fondation, ni l'existence des sociétés coopératives. Pourquoi donc vouloir une législation à part et n'être pas content de ce qui suffit à l'ordinaire des citoyens? Les coopérateurs de 1865 étaient plus fiers. Lorsqu'ils apprirent que le gouvernement impérial préparait un projet de loi sur les « sociétés de coopération », ils publièrent un manifeste qui fit quelque bruit alors, disant : nous ne

1. C'est ce qui avait lieu jadis en Allemagne et ce qui porta le promoteur du mouvement coopératif en ce pays, Schulze-Delitzsch, à demander une loi spéciale pour les sociétés coopératives, loi qu'il obtint et qui a été remaniée en 1889. Il fallait marquer ceci, parce qu'on invoque quelquefois cet exemple de l'Allemagne.

demandons point de loi spéciale, point de législation nous concernant seuls, nous demandons une loi plus commode pour tous les citoyens, nous en profiterons comme les autres. Et comme cette résolution fut répétée dans l'enquête que le gouvernement impérial ouvrit l'année suivante, il se résolut à faire droit à des demandes aussi justes. On remaniait alors l'ensemble de la législation sur les sociétés, un chapitre nouveau y fut introduit : des sociétés à capital variable. C'étaient les coopératives que l'on avait en vue, mais sans les nommer ; on faisait des dispositions à leur intention, mais sans qu'elles fussent obligées de s'en servir. En fait, les sociétés dont s'agit ont beaucoup usé de cette disposition légale et s'en trouvent bien en somme. Il y aurait lieu seulement de corriger quelques points de détail dont les défauts ont paru depuis. Mais ce que se proposaient surtout les projets récents était de conférer aux coopératives de vrais privilèges en matière fiscale.

Elles feront bien, dans leur intérêt même, de ne point entrer dans une voie pareille, non seulement parce qu'un privilège est injuste en soi, mais parce que, de plus, il est toujours dangereux. On demande une situation à part et on la demande parce qu'il est bien entendu qu'on y trouvera son avantage, mais si la situation vient à se retourner et que les dispositions des législateurs deviennent hostiles, de favorables, qu'elles étaient, voit-on quelle va être la situation des coopérateurs ? On pourra leur dire : vous l'avez voulu, vous avez demandé une situation spéciale et vous avez une situation spéciale ; vous avez voulu des mesures pour vous seuls, et vous avez ce que vous demandiez. Combien n'est-il pas plus honnête et plus sûr de se réclamer du droit commun, de ne vouloir que la loi commune, loi qu'on doit faire la meilleure qu'il se pourra, mais sans demander aucune sorte de préférence sur ses concitoyens?

Il n'était pas inutile, avec les tendances qui ont cours et avec les idées fâcheuses que l'on souffle parfois aux coopérateurs, d'insister sur cette question.

Nous venons de voir comment se fondent les sociétés coopératives, il faut montrer maintenant comment elles fonctionnent, car c'est en les voyant ainsi dans leur vie de chaque jour qu'on pourra les bien connaître.

§ 4. — Comment fonctionnent les sociétés coopératives de production.

A. — LES PERSONNES

On a vu comment se recrutaient les fondateurs de la société, mais ils ne dureront pas autant qu'elle; ils disparaîtront peu à peu, ou par leur vouloir ou involontairement, il faut pourtant que l'association se renouvelle. D'autre part, l'association peut s'étendre, prospérer, il lui faudra donc de nouveaux membres. Comment se feront les admissions?

Les admissions. — En principe, nul n'est admis que par les associés, après présentation par un ou deux membres qui se portent ainsi garants des candidats qu'ils patronnent. De plus on demande ordinairement aux candidats d'avoir fait un stage dans la société, c'est-à-dire d'y avoir travaillé pendant un certain temps, ce qui a permis de les connaître et leur a, d'autre part, permis d'apprécier la société, de savoir ce qu'elle est, quelles sont les obligations des sociétaires et, par suite, à quoi ils s'engagent.

Le recrutement est-il facile? A-t-on de nombreux candidats? Il n'est pas possible de faire à cela une réponse unique, parce que la situation est très variable, suivant les sociétés, suivant les métiers et suivant les époques. L'ancienne société des maçons qui était très prospère recevait de nombreuses demandes d'adhésion, et il faut ajouter qu'elles étaient généralement repoussées. Non que les candidats ne fussent très méritants, on ne leur faisait souvent aucun reproche, on tombait d'accord qu'ils connaissaient le métier, travaillaient bien, avaient une conduite régulière, puis on votait sur l'admission et ils étaient refusés. Pourquoi? parce que chaque membre en particulier, content du bon succès de l'affaire, répugnait instinctivement à augmenter le nombre des parties prenantes aux bénéfices de fin d'année.

Une telle conduite était bien contraire au principe qui avait fait ériger les sociétés coopératives. Pour les promoteurs du mouvement, et aussi pour ses premiers adeptes, il s'agissait, non de procurer un bénéfice à quelques travailleurs, mais d'ouvrir à tous une voie nouvelle, voie qui devait transformer la condition des salariés. Les premiers à tenter l'entreprise devaient se considérer comme des apôtres le mot, on l'a vu, a été employé en 1848) ou au moins comme des pionniers, ainsi que s'appelaient les ouvriers de Rochdale. Mais ces sentiments qui avaient animé les hommes du début furent ensuite oubliés lorsque la prospérité arriva et les esprits devinrent plus égoïstes ou, si l'on préfère, plus positifs.

Du reste, l'inverse se voit aussi; des associations, même prospères, ont peine à se recruter. Ceux qu'elles croient aptes à faire des adhérents, hésitent et s'abstiennent lorsqu'ils sont sollicités; ils ne veulent pas courir de risques, pas s'occuper de l'affaire, ils préfèrent toucher un salaire fixe et n'avoir, au surplus, à s'occuper de rien.

Les démissions. — Ce qui, avec les décès, diminue le personnel des sociétés, ce sont les démissions. Elles ont lieu tantôt pour des raisons d'âge et de santé et tantôt pour des motifs personnels à l'associé partant. Les démissions n'ont pas besoin d'être acceptées, il n'y a pas là un emploi public, d'autre part, on ne peut contraindre un membre à rester dans l'association; la porte de sortie doit être toujours ouverte.

Rigoureusement on pourrait exiger du démissionnaire que son départ n'eût pas lieu à contretemps, c'est-à-dire en un moment où il aurait pour effet de nuire à la société. En fait, on ne peut retenir quelqu'un malgré lui, ni espérer un bon travail d'un individu contraint; on pourrait seulement lui réclamer des dommages-intérêts.

Les exclusions. — Il peut arriver, et il arrive, en effet, que les sociétés coopératives prononcent l'exclusion de tels et tels de leurs membres; c'est l'assemblée générale des sociétaires qui prend ces décisions, après avoir toutefois entendu les membres contre lesquels cette grave mesure est demandée.

Les statuts des anciennes sociétés coopératives contenaient presque invariablement cette clause : « L'assemblée générale pourra toujours prononcer l'exclusion des membres qui auraient nui matériellement à la société ou porté atteinte à son honneur ». Aujourd'hui, on trouve ordinairement la clause suivante : L'assemblée générale pourra toujours prononcer l'exclusion des membres d la société à la majorité etc...

Une disposition malencontreuse écrite dans la loi du 24 juillet 1867, chapitre des sociétés anonymes et à capital variable (forme légale ordinairement adoptée par les coopératives), a permis, en effet, l'exclusion à la majorité et sans motif. Il fallait jadis pour que l'exclusion fût valable, que le motif inscrit dans les statuts fût acquis, c'est-à-dire il fallait que l'associé incriminé eût nui à la société; aujourd'hui on peut exclure sans motif. Les auteurs de la loi de 1867 étaient nouveaux dans ces matières; ils constatèrent, lorsqu'ils eurent le désir de faire une loi pour les coopératives, que le droit d'exclure était écrit dans tous les statuts et ils crurent bien faire en le mettant dans leur projet de loi, mais au lieu d'exiger de valables raisons d'un acte aussi grave, ils le permirent en stipulant seulement qu'il faudrait une majorité spéciale, ce qui n'est pas une garantie.

Actuellement, cette imprudente facilité de la loi donne lieu aux abus les plus graves. Les gens du peuple ne sont que trop portés à abuser de la puissance du nombre. Dominés par l'idée politique, ils ne connaissent en fait de raison que le vouloir de la majorité. Ce qu'elle veut est toujours bien, et tout doit fléchir devant elle. Si donc il convient à la majorité de prononcer une exclusion, elle a toujours droit et toujours raison de le faire, son vouloir ne se discute pas, son omnipotence est sans limite; c'est le régime du bon plaisir.

Qu'on ne croie pas que ceci soit exagéré; voici un fait que je puis citer à l'appui et qui n'est pas unique. Dans une association ouvrière de Paris, une proposition fut faite à l'assemblée générale de changer les statuts et de les changer en une manière grave. Cette proposition fut combattue par les anciens de la société, par les hommes d'expérience, et notamment par le fondateur de l'association, un vétéran de 1848. Ils montrèrent que c'était, non seulement changer l'esprit et la direction de la société, mais compromettre son avenir (elle a péri depuis). Ils ne furent pas écoutés; la modification demandée plaisait aux jeunes, ils l'emportèrent et le changement fut voté.

Les opposants ne voulant pas accepter pareille décision employèrent la seule voie possible : ils s'adressèrent à la justice et un jugement du tribunal de la Seine annula la décision de l'assemblée générale parce que la formalité modifiée était une de celles qui sont dites substantielles, c'est-à-dire tenant à l'essentiel de la Société. Or l'assemblée générale peut bien apporter au pacte social des changements de détails, mais non des modifications qui en altèrent le sens.

Une assemblée générale extraordinaire fut convoquée de suite par les directeurs de l'association et les ouvriers apprirent avec une extrême surprise que le tribunal avait défait l'œuvre de la majorité. Ils n'en persistèrent pas moins dans leur dessein et le moyen de réussir leur fut indiqué. Ils dirent aux opposants : voulez-vous changer d'avis et voter la clause que nous désirons, ou bien être exclus? Comme ceux-ci persistèrent dans leur résolution, ils furent exclus sur-le-champ et ceux qui commirent cette iniquité de chasser d'une société qu'ils avaient contribué à fonder, des co-associés pour cette seule raison qu'ils voulaient maintenir le contrat primitif, ceux-là le firent d'une âme tranquille en disant : la majorité l'a voulu! pourquoi ne se rangent-ils pas à son avis? Est-ce que la majorité n'a pas toujours raison? Et malheureusement l'exclusion était légalement sans remède, puisque la loi de 1867 l'a autorisée sans motif.

Le droit d'exclusion, tel que le permet cette loi, laisse ouverture au despotisme de la majorité et il s'exerce parfois sans modération ni tempérament. Voilà, si l'on voulait modifier la loi de 1867, un point où le changement serait véritablement utile. Le droit d'exclusion doit exister parce qu'il y a souvent des associés dont les agissements sont nuisibles à l'association, mais il ne peut être sans raisons et sans limites ; on ne doit pouvoir exclure que pour les motifs portés autrefois dans les statuts, si l'on a nui à la société ou porté atteinte à son honneur.

La question des auxiliaires. — On appelle *auxiliaires,* dans le langage coopératif, les salariés qu'une association emploie à son service et à l'égard desquels elle est un patron véritable.

Ceci surprend toujours au premier abord : comment une coopérative de production emploie-t-elle des salariés puisqu'elle est fondée pour supprimer le salariat et le remplacer par un autre régime, celui du travail associé ? C'est que d'abord une association peut avoir plus de travail à exécuter que ne le permet le nombre de ses membres, or on ne peut trouver de nouveaux associés à volonté ; de plus, le travail à faire peut n'être que temporaire et il faut bien prendre des auxiliaires pour quelques jours, ou pour quelques semaines. Ensuite il faut considérer que le travail se fait aujourd'hui par spécialité, il faut parfois dans un atelier un seul spécialiste, et il peut ne pas s'en trouver parmi les associés. Ou bien, il faut des manœuvres, et tous les associés sont des ouvriers d'art, des gens techniques. On ne peut pourtant pas mettre ces bons ouvriers à un travail machinal ; ils perdraient leur habileté et leur main ; de plus, on ne pourrait les payer que comme manœuvres et ils aimeront toujours mieux gagner 8 ou 10 francs chez un patron que 5 francs dans l'atelier social. C'est ainsi qu'en certaines associations, on a tout à la fois des associés continuant, faute d'emploi, à travailler chez des patrons et cependant l'association engageant et occupant des auxiliaires.

Il y a ici, comme en toutes choses, une question de tempérament. Une coopérative fidèle au principe qui l'a fait ériger ne prendra d'auxiliaires que s'ils sont indispensables ; elle ne refusera pas de parti pris les candidats pouvant faire de bons associés, comme cette société de maçons déjà signalée qui avait 80 membres et occupait jusqu'à 800 auxiliaires. On a vu certaines sociétés refuser d'admettre personne, se réduire peu à peu par le décès et les démissions, et en venir à n'être plus composées que de deux ou trois membres qui étaient alors de véritables patrons, ayant sous eux tout un nombre de salariés.

Leur participation aux bénéfices. — Des auxiliaires peuvent donc être utiles, en fait ils sont nombreux et se trouvent dans presque toutes les associations. Comment va-t-on les traiter ? On leur donnera le salaire convenu, ceci va de soi, mais ne leur donnera-t-on que cela ? Ne doit-on pas les faire participer aux bénéfices de fin d'année ? On ne leur donnera pas ce que l'on donne aux sociétaires, mais ne va-t-on pas leur faire une part ? Le régime de la participation aux bénéfices est préconisé pour les ateliers de patrons, on demande aux chefs d'industrie de l'accorder à leurs ouvriers comme un bienfait, presque même comme un acte de justice, et lorsque ces chefs d'industrie sont des ouvriers associés, ils feraient moins pour des camarades que des patrons ordinaires ?

Telles sont les raisons données pour faire admettre le système de la participation, il a gagné un certain nombre d'associations qui font participer leurs auxiliaires. Je n'hésite pas à dire pourtant que ce système est fâcheux et doit être rejeté. Il se comprend très bien chez un patron parce qu'il a dessein de rester toujours patron et de laisser ses ouvriers toujours ouvriers ; il se comprendrait pareillement chez une association qui aurait dessein de se fermer (mais aucune ne l'avoue) et de ne plus recevoir personne parce qu'on se trouverait en fait dans le cas précédent : elle serait un vrai patron, mais si la coopérative par conviction ou par intérêt est résolue à recevoir ceux qui en sont dignes, elle doit désirer d'avoir des aspirants et pour cela le meilleur des stimulants, la plus forte des sollicitations, est le succès obtenu. La vue de forts bénéfices distribués par une association sera le plus puissant appât, mais si on le diminue cet appât, si on l'amoindrit, que reste-t-il pour engager, pour provoquer des vocations?

Il ne faut pas s'y tromper, la condition de salarié a de sensibles avantages : ne rien risquer, n'avoir aucune responsabilité, n'avoir pas à s'occuper de l'entreprise, ni de la conduite de l'affaire. Au lieu de cela, voyez la position de l'associé : dès le début, il faut qu'il prenne un engagement, qu'il promette de payer une somme de... et qu'il en verse de suite une partie. Après, il devra subir une retenue même sur son salaire courant; il lui faudra venir aux assemblées générales, peut-être accepter des fonctions dans l'association. Si l'affaire périclite, non seulement il aura perdu son apport, mais s'il ne l'a entièrement payé, il peut être contraint de verser ce qui reste. Assurément sa situation est, en tout cela, moins bonne que celle d'un salarié, et pour l'engager, il ne faut rien moins que l'attrait des bénéfices de fin d'année. Si on lui vient dire : en restant salarié, vous aurez encore une part de ces bénéfices, comment veut-on que cet ouvrier songe encore à devenir associé? Comment! dira-t-il, en restant simple auxiliaire, je ne m'engage à rien, je ne m'inquiète de rien, je touche mon salaire entier, j'ai encore une part dans les bénéfices, et pour accroître ces bénéfices éventuels, on veut que je renonce à des avantages actuels, certains, positifs? car enfin un auxiliaire touche plus, les jours de paie, qu'un associé qui a travaillé avec lui, et autant que lui, parce qu'il ne subit, lui auxiliaire, aucune retenue et que l'associé en subit. Quand il n'y aurait que cette seule raison (il y en a d'autres), ne serait-ce pas suffisant pour faire préférer la condition d'auxiliaire? Il est vrai que l'associé a une situation plus stable, parce qu'il est chez lui, mais ce qui touche surtout les ouvriers, c'est le salaire, or celui de l'auxiliaire est plus fort que celui de l'associé et ceci à leurs yeux est décisif.

Il faut pourtant attirer des associés et ces associés on ne peut guère, en fait, espérer les recruter que parmi les auxiliaires; or il faut bien constater que ceux-ci se montrent peu empressés.

« Vainement, disait dans l'enquête de 1883 le gérant des opticiens, nous sollicitons nos auxiliaires; à peine avons-nous pu en décider un seul, qui s'est laissé faire comme forcé pour ainsi dire... Lorsqu'on est sociétaire, il faut se casser la tête, s'occuper d'affaires, la plupart des ouvriers veulent être tranquilles. »

« Il y a, disait à son tour le gérant de l'association des facteurs d'instruments de musique, beaucoup de négligence de la part des ouvriers, ils ne se présentent pas pour être associés, cependant nous leur offrons une maison toute montée, et nous leur donnons toute facilité pour les versements à faire. » Combien seront-ils moins soucieux de se présenter, si la situation d'auxiliaire leur paraît meilleure que celle d'associé? Cette disposition, bien qu'assez en vogue dans le temps présent, n'est donc pas à conseiller.

B. — LE CAPITAL

On a vu comment se constituait le capital des coopératives de production, mais il n'est pas immuable. Il peut s'étendre ou se restreindre.

S'étendre, ou par l'arrivée de nouveaux membres, ou parce que les anciens augmenteront leurs apports; se restreindre par les pertes ou par les départs. Les rédacteurs de la loi de 1867 avaient bien compris cette situation, lorsque voulant faire des dispositions à l'intention des coopératives sans les nommer, ils ont écrit des règles pour les « sociétés à capital variable ».

Mutations en gain. — Le capital s'accroît de deux manières, ou par la venue de nouveaux membres, ou par l'augmentation des parts anciennes. Au premier cas, on procède comme il a été dit : les nouveaux admis souscrivent le capital convenu et versent de suite la portion marquée dans les statuts; au second cas, la décision est prise en assemblée générale et on marque alors la manière dont seront faits les versements : c'est toujours par des retenues sur les bénéfices de fin d'année.

Il ne faut pas croire que ces augmentations soient exceptionnelles ou petites; lorsque les affaires s'étendent, il faut nécessairement un capital plus fort, et les associés bien au courant de la situation, le comprennent et s'y prêtent. Ainsi lorsque commença, en

1849, l'association des lunettiers, l'une des plus florissantes actuellement, les fondateurs avaient souscrit chacun une part de 500 francs sur laquelle d'ailleurs ils n'avaient rien versé, ne le pouvant pas ; ils avaient heureusement un certain outillage, ayant, ainsi qu'il a été dit, acheté le fonds d'un petit patron, estimé 650 francs. Et puis, la prospérité étant venue, ils accrurent successivement le montant de leur apport jusqu'au chiffre de 30.000 francs ; les anciens associés ont tous l'apport complet. Il a été effectué avec les retenues sur les salaires et avec les retenues sur les bénéfices, principalement par le second moyen.

A côté des augmentations de salaires, on a la contrepartie : les diminutions.

Mutations en perte. — Le capital peut être diminué par les pertes survenues dans la conduite de l'affaire. La loi a prévu ce cas et elle exige que si ces pertes absorbent les trois quarts du capital social — s'agissant d'une société anonyme — les associés soient réunis en assemblée générale et se prononcent sur la question de savoir s'ils veulent ou non continuer la société.

Mais le plus souvent, les diminutions viennent des décès ou des démissions, et aussi des exclusions.

Dans les sociétés purement capitalistes, les démissions sont inconnues comme les exclusions. Les parts étant représentées d'ordinaire par des titres au porteur, celui qui veut sortir de la société vend sa part; la société ne connaît que le titre, elle ne s'inquiète pas de savoir qui est le titulaire. Si le titulaire vient à mourir, la valeur passe en une autre main; le capital est immuable.

Dans les sociétés coopératives, toutes les parts sont nominatives et ne se vendent pas en Bourse, ni en

Banque comme les titres des grandes sociétés. Lors donc qu'un associé se retire, il ne trouvera guère à vendre son titre, et d'ailleurs comme une coopérative est surtout une société de personnes, on ne peut admettre qu'un associé que l'on connaît, que l'on avait accepté, soit remplacé par un inconnu; aussi n'admet-on pas que le démissionnaire transmette son droit à sa volonté, ni qu'en cas de décès, un héritier quelconque remplace le défunt; il faut que le remplaçant ou l'héritier soit agréé par les sociétaires. Faute de cela le défunt, le démissionnaire, l'exclu ne sont pas remplacés.

Mais que va devenir alors leur capital? Sont-ils obligés de le laisser dans la société, ne peuvent-ils le réclamer? En fait, les héritiers d'un associé défunt, souvent ses enfants, peuvent avoir besoin de sa part, le démissionnaire souvent aussi sera content d'avoir à sa disposition un petit capital, et d'ailleurs il est assez délicat de garder les fonds dans la société, sans que les intéressés puissent exercer un contrôle. Pour tout concilier, les statuts contiennent d'ordinaire cette clause : il est loisible aux héritiers du défunt ou au démissionnaire pour cause d'âge ou de santé, de laisser son capital dans la société. Si l'association marche bien, ils ont intérêt à le faire, car une entreprise industrielle prospère donne un intérêt supérieur à 3 ou 3 1/4 %, revenu que donnent les valeurs réputées « de tout repos ». On voit en effet de vieux sociétaires, des veuves ou des enfants d'associés laisser ainsi leur capital dans la société et toucher annuellement comme bénéfice un très convenable revenu, de véritables pensions de retraite. A remarquer seulement que ces ex-associés, ou leurs ayants droit, ne peuvent se mêler de la gestion de la société; ils doivent s'en rapporter aux inventaires ou charger de leurs intérêts quelque associé actif.

S'il s'agit d'un exclu ou d'un démissionnaire ou d'héritiers ne voulant pas laisser leurs fonds dans la société, les statuts portent ordinairement qu'ils seront remis dans un délai de ... par exemple deux ans. Et souvent aussi les statuts ajoutent : un délai plus long sera de droit si les demandes de remboursement représentaient telle proportion du capital (par exemple le cinquième, le quart), les remboursements alors auraient lieu de manière à ne jamais excéder tous ensemble la proportion ci-dessus.

La raison d'une telle clause est celle-ci : le capital d'une maison d'industrie (société ou maison appartenant à un patron isolé) ne consiste pas en numéraire, il est représenté par des bâtiments, un outillage, des marchandises, des effets de commerce, toutes choses qui ne donnent pas de l'argent comptant, en sorte que cette maison peut être fort embarrassée pour faire face à des remboursements élevés, et c'est pour ménager ses forces qu'on écrit dans les statuts la clause ci-dessus.

Il est bien entendu d'ailleurs que les droits des associés ou de leurs ayants cause sont dans ce cas (c'est-à-dire s'il y a lieu à remboursement) arrêtés au moment du décès ou de la démission, ou plus exactement de l'inventaire qui suit.

C. — GESTION DE LA SOCIÉTÉ

Dans les sociétés *en nom collectif*, tous les membres peuvent prendre part à la conduite de l'affaire et en fait, les membres dans les anciennes associations elles avaient, on l'a vu, adopté cette forme légale se réunissaient le soir, après le travail, d. ns l'ateier, tous les mois ou plus souvent et s'occupaient de a marche de la société. Ils étaient, pour l'expédition es affaires et les traités à faire au dehors, représentés ar des *gérants* ou par un gérant, d'ordinaire par eux ou trois, à raison de cette exigence de la loi qui oulait qu'on désignât la société par le nom de quelqu'un des sociétaires; il fallait prévoir le départ d'un gérant et ne pas changer le nom social tout d'un coup. Mais c'était bien l'ensemble des sociétaires qui prenait des décisions et réglait toutes choses importantes. Les gérants n'étaient que l'exécutif.

Ces gérants avaient légalement un pouvoir plus grand dans la société en *commandite simple;* au fond, les commanditaires se conduisaient comme dans les sociétés en nom collectif et ce qui était fort naturel pour des associations ouvrières, mais entraînait pour ces sociétaires une responsabilité dont ils ne se doutaient pas d'ailleurs.

Les sociétés *anonymes et à capital variable*, c'est-à-dire à peu près toutes les coopératives fondées depuis trente-cinq ans, doivent être gouvernées par un conseil d'administration nommé par l'assemblée générale des sociétaires. Cette gestion d'une maison industrielle, au début surtout, fort petite et composée souvent d'un seul et petit atelier, sera bien plutôt le fait d'un seul homme que d'un conseil, aussi les premières associations avaient un gérant ou deux; pourquoi tout un conseil? La loi l'exige parce que les sociétés anonymes pour qui cette disposition est faite sont généralement de grandes entreprises comme les compagnies de chemins de fer, les sociétés financières etc. où les actionnaires sont nombreux et ne sont

4

jamais ensemble; ce sont des associations d'argent et nullement des associations de personnes. Les coopératives ont dû s'accommoder, et elles le peuvent d'ailleurs, à ces exigences qui toutefois n'avaient pas été faites pour elles.

Le conseil d'administration représente l'autorité permanente et délègue le travail courant avec ses pouvoirs à un directeur. Pour les coopératives de production, ce conseil est un rouage superflu, le véritable ou les véritables chefs de la société ce sont le ou les directeurs nommés par le conseil, et ordinairement parmi ses membres, qui ont la signature sociale, et enfin tout le pouvoir des *gérants* des premières associations.

Les associés sont réunis en assemblées générales au moins une fois par an, suivant les termes de la loi, et là, ils maintiennent ou changent le conseil d'administration, approuvent ou n'approuvent pas les bilans, prononcent sur les demandes d'admission ou d'exclusion et enfin sur les divers objets qui leur sont soumis.

Quant à la gestion quotidienne, il y a d'abord un règlement d'atelier arrêté par les associés eux-mêmes et qui concerne tout le détail du travail, les heures d'entrées et de sorties, le mode de répartition de l'ouvrage, etc. On y trouve ordinairement des mesures contre les faits d'ivrognerie, de paroles grossières, etc. Les anciens statuts étaient très stricts de ce côté. La sanction est une amende et, dans quelques cas graves, l'exclusion.

Il faut dans tout atelier et dans toute entreprise une direction, une autorité, des ordres enfin. Même dans une association ouvrière, le pouvoir des gérants doit être entier et obéi. C'est là un point nécessaire et que les ouvriers associés ont, au début surtout, beaucoup de peine à admettre. Il leur semble que puisqu'ils sont une association, ils doivent être indépendants. Ils ont quitté leurs ateliers pour n'être pas sous l'autorité d'un patron, et on leur demande d'être soumis à un patron électif, ils ne peuvent d'abord s'y résigner. En 1848, nombre d'associations ont échoué par défaut de soumission au gérant élu, ou bien ce gérant, abreuvé d'ennuis, quittait de lui-même, et l'association perdait souvent ainsi un très capable directeur. J'ai entendu citer notamment, par les hommes de cette époque, une association de fabricants de chaises qui avait eu la fortune de rencontrer pour la conduire un gérant des plus capables, un homme qui s'est trouvé avoir des capacités à la fois industrielles et commerciales, les secondes beaucoup plus rares que les premières, et pourtant les deux sont nécessaires, car il ne suffit pas de bien produire, il faut savoir écouler ses produits et plusieurs associations ont péri par là; elles ne savaient pas vendre leurs produits. Enfin, ce gérant capable dut quitter l'association, poussé à bout par les mauvais procédés de ses coassociés. Il s'établit à son compte et ne tarda pas à prospérer tandis que l'association déclinait, alors qu'elle eût pu profiter de la bonne fortune qu'elle avait eue de trouver un chef de valeur.

Les idées politiques courantes produisent en ce sens les plus fâcheux effets. On a répété que la coopération, c'était la république dans l'atelier et on voit des ouvriers ignorants appliquer aux choses du travail les préjugés politiques qui les dominent, et cela au grand préjudice de l'entreprise.

C'est ainsi qu'une association de cordonniers avait eu l'idée étrange de décider que chacun gouvernerait la société à son tour et pendant six mois. Inutile de dire que la société n'a pas duré longtemps. J'ai connu un gérant qui était, d'après les statuts sociaux, nommé pour un an et qui fut réélu vingt-deux fois de suite, mesure qui faisait honneur à la fois à l'élu dont la capacité s'imposait, et aux membres de la société qui savaient comprendre leur intérêt et agir en conséquence. Au bout de ce temps, une cabale se forma qui alla répétant qu'il est dangereux de laisser les hommes se perpétuer au pouvoir, ils peuvent confisquer la démocratie etc. Comme elle gagna la majeure partie des associés, on signifia en assemblée générale à ce gérant qu'on le remplaçait sans qu'on eût aucun reproche à lui faire, mais par application des principes démocratiques.

L'association perdit un chef habile, rompu à sa fonction, et ce même gérant devait rentrer à l'atelier et reprendre ses outils dont il avait, depuis vingt-deux ans, perdu l'habitude.

Il n'en est pas ainsi partout. L'une des associations modernes les plus florissantes, celle des charpentiers de la Villette, a fait à ses gérants une autre situation. Son délégué déclarait dans l'enquête de 1883 que le directeur est « nommé à vie pour ainsi dire, eu égard aux conditions qui sont exigées pour son changement ». Et comme le président de la commission d'enquête se récriait en disant : « mais alors le directeur règne et gouverne, il est l'un des Dix », le gérant répond : « Oui, c'est quelque chose dans le genre du conseil des Dix. C'est tout simplement la république autoritaire, la seule en somme qui soit possible. » La société des *Charpentiers de Paris* (autre que la précédente) nomme son gérant pour quinze ans et lui attribue 20 % des bénéfices, autant presque qu'à tous les associés ensemble, alors que trop de sociétés refusent à leurs gérants même une rétribution supérieure à celle des simples membres.

Il y a une autre association, très florissante aussi, celle des lunettiers, qui a été amenée par l'expérience à établir même des catégories parmi les associés : elle les divise en associés, sociétaires et adhérents. Les premiers seuls ont la plénitude des droits sociaux; les sociétaires assistent seulement aux assemblées générales, avec voix consultative et sans être éligibles; les adhérents n'ont part qu'aux avantages matériels procurés par l'association. C'est l'ancienneté et le versement d'une plus grande partie de l'apport exigé qui font passer d'une classe dans l'autre.

Il n'est point hors de propos de faire remarquer ici qu'un atelier coopératif, une maison coopérative ne se distinguent extérieurement pas des autres. Le visiteur s'imagine parfois qu'il va trouver quelque chose de particulier, et que même dans son extérieur, l'établissement coopératif aura un air à lui; il n'en est rien. Entrez par exemple chez les lunettiers, vous verrez un magasin avec des employés et des comptables qui ne sont pas associés, la coopération pour eux est un patron ordinaire. Cette même société a des voyageurs de commerce, elle possède en province deux fabriques qui lui font ses produits bruts. A l'égard du personnel de ces usines, elle est un simple patron. Dans ses ateliers, associés et auxiliaires sont confondus, mais avec une proportion de dix auxiliaires pour un associé.

Les salaires. — Le mot, dans une coopérative, est presque un mot impropre, puisque la coopération se propose de supprimer le régime du salariat. Elle veut remplacer ce régime qui suppose des ouvriers payés par un patron, par un régime où les ouvriers seront propriétaires de l'atelier, propriétaires de l'outillage et auront, au lieu d'un salaire fixe, leur part dans les profits de l'entreprise.

Les ouvriers associés ne devraient donc, en bonne règle, toucher que les profits de fin d'année s'il s'en trouve. On comprend toutefois qu'il ne soit pas possible à ces hommes vivant pour la plupart au jour le jour, d'attendre ces résultats éloignés et incertains. Il est donc admis en pratique qu'ils prélèveront chaque semaine, chaque quinzaine, chaque mois, suivant les usages du métier, l'équivalent du salaire de la profession, cela passe dans les frais généraux. Il n'y a rien là d'exorbitant; la justice admet fort bien que les commerçants et industriels prélèvent au cours de l'année, et sans attendre le bilan final, de quoi payer leurs dépenses courantes, suivant le rang qu'ils occupent et les habitudes de leur milieu.

Il ne faut pas toutefois que les ouvriers coopérateurs prélèvent plus que le salaire courant; or, il y a chez eux une fâcheuse tendance à outrer les choses en ce sens. Ils se disent que le salaire touché est acquis, tandis que le profit espéré est éventuel et éloigné, ils sont donc très disposés à augmenter les salaires; pour eux, c'est le résultat et le bienfait immédiat de l'institution coopérative.

Un pareil procédé est fâcheux pour l'institution et peut même être dangereux pour ses membres. Il est fâcheux pour l'institution parce qu'il tend à élever le coût de la production, or, si les coopératives produisent plus chèrement que les autres maisons, quel succès peuvent-elles attendre? On croyait au début, et même vers 1863, que le régime coopératif donnerait des produits à bon marché; c'était une erreur. L'ouvrier n'aime le bon marché des produits que pour ceux dont il est acheteur; les produits qu'il fabrique doivent se vendre cher, car jamais il ne trouvera son salaire assez élevé. Cette tendance à la hausse des prix, si elle devenait sensible, ne recommanderait pas les coopératives et les placerait en mauvaise posture, en face des maisons concurrentes.

Il y aurait même, au point de vue légal, un danger pour les associés qui auraient ainsi exagéré les salaires. Ils pourraient très bien, en cas de déconfiture de la société, être recherchés par les créanciers, au besoin par un liquidateur, ou par un syndic de faillite qui leur dirait : vous n'avez pas prélevé ce que seulement vous aviez le droit de faire, le salaire courant, vous avez anticipé sur les bénéfices de fin d'année et comme il ne s'est pas trouvé de bénéfices, vous avez pris indûment sur un fonds qui était le gage des créanciers de la société, vous allez restituer.

Il n'est pas inutile d'insister sur ce point, parce qu'il y a là un danger que les ouvriers, membres des coopératives, ne voient pas, et que leurs conseils négligent trop aussi de leur signaler.

Les bénéfices. — Ils viennent accroître après chaque fin d'année le gain périodique des membres de l'association. Après qu'on a prélevé une certaine portion pour former un fonds de réserve (la loi même l'exige dans les sociétés anonymes), le reste se partage entre les associés. Mais il y a deux éléments en présence : les personnes et le capital. Tantôt, on donne au capital un intérêt fixe, 5 % par exemple (intérêt qui n'est point, il faut le faire remarquer, pris sur les frais généraux, mais bien sur les profits; s'il n'y a pas de profits, le capital ne reçoit rien), et tantôt il vient en concurrence avec le travail représenté alors par les salaires touchés dans l'année. Un associé par exemple aura 1.000 francs d'apport versé et aura touché

1.500 francs de salaire dans l'année ; il prendra part aux bénéfices pour une somme de 2.500 francs. En certaines sociétés, on fait une différence entre le travail et le capital ; c'était le cas par exemple de l'association des maçons. Le travail (représenté par le montant des salaires) touchait 60 % et le capital 40 % seulement. On doit se souvenir toutefois que dans cette société il y avait des membres uniquement capitalistes, et c'est peut-être ce qui explique cette clause statutaire assez rare.

Les dividendes sont, ou remis aux associés dans le délai fixé par l'assemblée générale qui en autorise la distribution, ou laissés par eux dans la caisse sociale à titre de dépôts portant intérêt, lorsque les statuts l'autorisent. Bien entendu, les dividendes ne sont jamais payés que déduction faite du prélèvement exigé pour former l'apport de l'associé.

On a vu que l'assemblée générale fixait l'époque des paiements, c'est une mesure nécessaire, la société pouvant n'être en mesure de payer qu'après un temps de ...

Certaines sociétés font sur leurs bénéfices, et ceci est excellent, une part à la prévoyance, un certain *quantum* est versé pour faire le fonds, soit d'une société de secours mutuels, soit d'une caisse de retraites.

Nous avons cité plus haut l'association parisienne des ouvriers peintres le *Travail*, qui avait eu la bonne fortune de pouvoir, en fin d'année, verser à la caisse des retraites destinée à ses membres une somme de 171.000 francs. Une autre société parisienne, celle des ferblantiers-boîtiers, avait affecté 33.000 francs à la même destination et payait déjà à quelques-uns de ses membres une petite pension d'environ 100 francs par an (c'est la moyenne des pensions que servent les sociétés de secours mutuels). J'ai connu une association d'ouvriers tailleurs (elle n'existe plus), qui ayant touché par suite d'une opération en dehors de sa profession (un achat et revente d'immeuble) une somme importante l'avait employée à faire le fonds d'une caisse destinée à servir des pensions de retraite dans l'avenir aux associés qui voudraient bien faire un versement annuel; versement d'ailleurs facultatif, la mesure n'ayant pas été écrite dans les statuts. Ces caisses de secours sont malheureusement trop rares.

Ainsi fonctionnent les sociétés coopératives de production, et si elles étaient sages elles ne demanderaient qu'une chose au pouvoir public, c'est de respecter leur liberté et s'il édicte des lois, de n'en point faire qui leur soient nuisibles, mais il est rare en France que l'on ne se tourne pas du côté de l'État pour réclamer ses faveurs; les coopératives n'ont pas su résister à cette fâcheuse tendance.

§ 5. — Les sociétés coopératives et les faveurs officielles.

En 1848, les associations ouvrières ont été, indépendamment du prêt de trois millions, aidées en plusieurs manières par l'État. Il leur fit exécuter des travaux dans des conditions spéciales et pour elles avantageuses, mais il y avait là une situation anormale qui expliquait et, dans une certaine mesure, justifiait ce qui se fit.

Aujourd'hui les raisons qui existaient alors, ne se trouvent plus ; la loi ne connaît que des citoyens entre lesquels elle doit tenir la balance égale, sans traiter mieux, ni plus mal, les uns que les autres. S'il convient à quelques-uns de travailler ensemble, au lieu de travailler isolément, il serait inique de les en empêcher, mais il est non moins inique de leur accorder des privilèges pour ce seul motif. C'est pourtant ce qui se fait.

Allocations sur le budget. — Le premier et le plus criant peut-être de ces privilèges est une allocation de fonds fournie par le budget et distribuée à ces sociétés à titre, non pas de prêt, mais de don [1]. Pourquoi une telle allocation à des sociétés qui ne sont point des œuvres charitables, mais des maisons de commerce ordinaires? Pourquoi prendre aux contribuables pour donner à certaines entreprises commerciales sur ce seul motif qu'elles se nomment des coopératives? Un subside pareil est toujours fâcheux et mauvais en soi, d'autant que la distribution se fait de la manière la plus arbitraire, par les soins du pouvoir public. Sur la somme allouée (165.000 francs actuellement) il donne aux sociétés qui lui plaisent, et non aux autres; l'une reçoit 25.000 francs, d'autres 500 francs et d'autres enfin (ce sont les plus nombreuses) rien du tout, sans que les distributeurs aient à donner aucune raison de leurs choix.

Faveurs en matière de travaux publics. — Après ces subsides en argent viennent les privilèges en matière de travaux publics; on les trouve énumérés dans un décret du 4 juin 1888. On sait que les travaux publics doivent être donnés à l'adjudication, l'État (ou les villes, départements, établissements publics) pro-

1. Une récente décision ministérielle (novembre 1902) dispose que partie de ces subsides pourra être employée en prêts aux associations. En conséquence les sommes seront remises aux banques coopératives (il n'en existe qu'une seule à Paris; il va en être parlé plus loin) qui les recevront sans intérêts et les prêteront aux sociétés contre un faible intérêt de 2 % applicable aux frais.

voque entre les entrepreneurs désireux d'obtenir ces travaux, des offres qui sont faites par écrit; celui qui propose les prix les plus avantageux pour l'État, c'est-à-dire les prix les plus faibles, est déclaré adjudicataire. Entre deux soumissionnaires offrant les mêmes conditions, on provoque de nouvelles offres. Telle est la règle; elle est changée, s'il se trouve parmi les concurrents des sociétés coopératives.

D'abord jusqu'à 20.000 francs elles reçoivent des travaux de gré à gré, c'est-à-dire sans adjudication. Il est, de plus, enjoint aux administrations compétentes de morceler les entreprises importantes afin de multiplier les lots inférieurs à 20.000 francs. Or, de deux choses l'une, ou cette règle qui veut que tous les travaux publics soient donnés à l'adjudication est bonne, salutaire, nécessaire pour ménager les deniers publics, ou elle ne présente aucun avantage. Si elle est bonne, pourquoi la négliger dans un grand nombre de cas, et pourquoi sacrifier l'intérêt public afin de favoriser tels ou tels? Car, on le remarquera, entre les nombreuses coopératives qui existent, l'administration peut choisir arbitrairement et donner des travaux à l'une plutôt qu'aux autres, et aux prix qu'elle veut. Si la pratique de l'adjudication, qui est ancienne et usuelle, n'offre pas ou n'offre plus les avantages allégués, il faut la supprimer pour tout le monde, non pour quelques-uns seulement en la maintenant pour les autres [1].

C'est un premier privilège : en voici un second. Alors que les adjudicataires doivent fournir un cautionnement pour répondre de leurs malfaçons éven-

1. Lors de l'Exposition de 1900, le palais de l'*Économie sociale* a été construit par diverses coopératives auxquelles ce travail a été donné au choix et sans adjudication, bien que l'importance de chaque travail exécuté dépassât 20.000 francs.

tuelles, les coopératives sont dispensées de ce cautionnement pour les travaux qui ne dépassent pas 50.000 francs. Il faut pourtant faire, au sujet du cautionnement, la même réflexion qu'au sujet de l'adjudication; s'il est nécessaire, pourquoi en dispenser une partie des adjudicataires? Et s'il est inutile, pourquoi l'exiger?

Ces exceptions, ces faveurs se comprennent d'autant moins que les associations coopératives ont à diverses reprises obtenu des travaux, et des travaux très importants, avant le décret de 1888, c'est-à-dire en concourant dans les conditions ordinaires. C'est une coopérative, la « Société des maçons et tailleurs de pierre », qui, avant 1870, a obtenu en adjudication d'abord la démolition de l'ancien mur d'enceinte et des anciennes barrières de Paris, et la réfection du terrain, travail important, puis la construction de la nouvelle gare, à Paris, du chemin de fer d'Orléans. Il a fallu, pour ces deux travaux, fournir de forts cautionnements, et l'association l'a pu faire.

Elle n'est point la seule; on trouve dans les documents annexés à l'enquête de 1883 sur les sociétés coopératives, ce renseignement, que diverses coopératives avaient obtenu à l'adjudication et sans faveur dix-sept entreprises de travaux publics, dont l'une s'élevait au chiffre de 436.860 francs. Depuis, l'association des paveurs de Bordeaux a soumissionné des travaux à faire sur les quais pour lesquels elle a dû verser un cautionnement de 80.000 francs. Actuellement des coopératives soumissionnent les plus gros travaux. On voit par ces exemples que les associations ouvrières sont en situation de concourir avec les entrepreneurs-patrons; les faveurs qu'on leur prodigue sont d'autant moins excusables.

Ce ne sont point pourtant les seules, le décret de 1888 porte que s'il y a égalité de soumission entre deux concurrents, la soumission d'une coopérative sera toujours préférée à la soumission d'un patron alors que d'ordinaire il se fait un nouveau concours. De plus, dans tous les travaux, quel qu'en soit le chiffre, les coopératives sont payées plus promptement que les autres entrepreneurs, grand avantage pour les associations et grande injustice si l'on considère la mesure en soi.

Ces faveurs n'ont pas été étrangères à la création du grand nombre de coopératives existant dans l'industrie du bâtiment à Paris. Avant même le décret de 1888, comme les mêmes faveurs étaient, en fait, accordées aux sociétés coopératives suffisamment appuyées, il a été positivement déclaré dans l'enquête de 1883, que plusieurs sociétés s'étaient fondées uniquement pour avoir de ces travaux, parce qu'elles voyaient que d'autres associations en vivaient et s'y enrichissaient, et obtenaient avec leur titre d'association ouvrière des travaux qu'elles n'auraient pas eus sans cela.

Dix ans plus tard, en 1893, on relevait plusieurs associations qui n'avaient guère travaillé que pour la ville de Paris [1].

Loin d'exciter les coopératives à compter sur elles, à faire ce que devraient faire tous les citoyens, les personnages officiels sont beaucoup trop portés, dans leur recherche de la popularité, à promettre sans cesse à ces associations le concours de l'État, c'est-à-dire,

1. Au congrès coopératif de Lyon (1893) il a été affirmé que plusieurs associations s'étaient formées seulement pour avoir part au subside annuel dont il a été parlé plus haut, et celui qui citait ce fait en prenait occasion pour demander que ce subside qui était alors de 140.000 francs fût porté à 500.000 francs.

M. Gide disait dans son rapport, en parlant de ces sociétés : « Le seul client après lequel elles courent, c'est l'État ou la Ville (de Paris) ».

au fond, l'argent des contribuables. Ainsi dans l'enquête de 1883 sur ces associations, le représentant du gouvernement, M. Barberet, alors chef du bureau des associations professionnelles, ne cessa de demander aux représentants des associations qui venaient déposer à l'enquête : quels travaux faites-vous ou voudriez-vous faire pour l'État ou pour la Ville? A ceux qui ne songeaient pas à de tels travaux, il ouvrait des perspectives. Les vanniers ne voyaient pas qu'ils pussent travailler pour l'État. Comment! leur dit le fonctionnaire en question, mais vous pourriez travailler pour le ministère des postes et télégraphes. Les ferblantiers? Mais vous pourriez faire des boîtes à conserves pour le ministère de la guerre (en fait, les adjudicataires de conserves les fournissent avec leurs boîtes, ce n'est point l'administration de la guerre qui les fait exécuter). Aussi voyez les conséquences de ces excitations : la société des facteurs de pianos demandait que l'État lui achetât — pour les lycées de filles sans doute — des pianos invendus qui lui restaient en magasin et qu'elle ne pouvait écouler.

Quand donc, au lieu de ces imprudentes promesses, fera-t-on entendre aux ouvriers associés un langage viril, un langage sensé? L'État ne vous doit ni son aide ni ses faveurs ; vous devez vivre par vous-mêmes et ne rien demander aux pouvoirs publics que l'égalité dans une législation équitable.

§ 6. — La Banque coopérative et la Chambre consultative.

On met ensemble ces deux institutions, parce qu'elles ont un lien assez étroit; elles ont l'une et l'autre une situation semi-officieuse et exercent sur le mouvement coopératif une influence qui fait qu'on les doit signaler.

La Banque coopérative. — Titre complet « Banque coopérative des associations ouvrières de production de France ». Son but est de procurer aux coopératives les fonds dont elles peuvent avoir besoin ; c'est ce que se proposaient le *Crédit au travail* et la caisse fondée par M. Léon Say, mais tandis que ces deux banques sont tombées parce qu'elles avaient avancé à diverses associations leur capital de premier établissement, la banque actuelle se montre prudente en se bornant à faire aux associations des avances sur travaux exécutés ou en escomptant leur papier.

Les entrepreneurs attendent, en effet, et parfois assez longtemps le paiement de leurs travaux, et comme ils sont obligés à beaucoup d'avances, notamment pour les salaires qui se paient à la quinzaine, ou plus souvent, il leur faut de l'argent. La Banque coopérative leur en fournit sur mémoires acceptés ou bien encore leur escompte le papier qu'ils ont reçu de ceux pour qui ils ont travaillé. Il faut pour avoir droit de s'adresser à la Banque, être membre de la *Chambre consultative*.

Le capital de la Banque coopérative est formé par un don anonyme de 500.000 francs fait en 1894 par un disciple du socialiste Fourier auquel sont venus s'ajouter : 1° le subside que l'État verse chaque année à la Banque (25.000 francs en 1902, dernier chiffre publié) ; 2° les cotisations que doivent verser les associations désireuses d'être admises à recevoir des avances ; 3° les cotisations de quelque particulier. Ces deux derniers chiffres ne donnent pas ensemble 25.000 francs.

La Banque coopérative paraît avoir été dirigée jusqu'ici avec prudence et n'a point fait de pertes sensibles. Son directeur est M. Barré, elle a son siège social, 98, boulevard Sébastopol.

L'exercice 1902 (dernier connu) accusait un chiffre d'affaires de 2.561.486 francs contre 3.317.000 francs en 1901. Les avances, presque toutes sur transports en garantie, ou sur mémoires, s'étaient élevées à 729.348 francs et les escomptes à 1.832.058 francs. — 103 associations ont profité de ces avances, dont 93 à Paris et 20 dans les départements.

Le total de l'exercice se soldait par un bénéfice brut de 12.217 francs, diminué de 11.193 francs de pertes faites uniquement sur les avances [1].

La Chambre consultative. — Titre complet « Chambre consultative des associations de production ». Siège social, 98, boulevard Sébastopol. Elle a été fondée en 1884 et n'est point, comme son titre le pourrait faire croire, une commission destinée à éclairer les coopératives sur les questions juridiques [2], elle se compose de délégués des sociétés adhérentes et elle se propose, d'après les statuts, « de grouper en vue d'une action commune, toutes les associations ouvrières de production afin de leur faciliter l'obtention de travaux et de favoriser le développement du principe de la coopération en faisant bénéficier l'organisation des jeunes associations, de l'expérience acquise par les anciennes; de l'obtention du crédit etc. »

Ainsi trois buts principaux : 1° faire obtenir du crédit aux associations; il y est pourvu par les avances

1. La Banque vient de recevoir (juillet 1903) un legs de 70.000 francs non encore touché.

2. Elle a seulement créé récemment un bureau pour ces sortes de consultations.

de la Banque coopérative, on a vu dans quelles conditions ; 2° renseigner les associations sur la manière de se constituer et de fonctionner. La *Chambre consultative* prétend en outre servir de régulateur au mouvement, car il est dit dans ses statuts que si une association fait à une autre une concurrence fâcheuse et lui enlève des travaux, elle, la Chambre consultative, pourra la condamner à une amende de 50 à 100 francs au profit de l'orphelinat fondé par la Chambre.

Je ne sache pas que cette clause ait reçu exécution.

La Chambre se propose aussi de remplir le rôle d'arbitre et son organe l'*Association ouvrière*, du 29 août 1903, nous apprend qu'il a été tenu en 1902, 22 séances d'arbitrage où ont été examinés 6 différends élevés chacun entre une association et quelqu'un de ses membres.

3° Ce qui semble d'ailleurs être le principal, le vrai but de l'institution, c'est celui-ci : faire obtenir aux sociétés adhérentes les faveurs officielles sous forme d'allocations, de subsides et de travaux publics donnés sans adjudication et sans cautionnement.

Elle a même un secrétaire payé qui voyage pour elle, afin de stimuler le zèle des associations de provinces pour les travaux publics obtenus à la faveur, il est chargé aussi de faire connaître partout le Décret de 1888 qui est encore assez ignoré, paraît-il, ou qui provoque des résistances.

La Chambre consultative, très bien vue dans le monde officiel, ne cesse de solliciter des travaux pour les sociétés ses adhérentes. Son organe, l'*Association ouvrière*, hebdomadaire, entretient ses lecteurs des démarches faites par ses représentants dans les différents ministères ou dans les administrations, et non sans succès.

On affecte, dans les milieux administratifs, de considérer la *Chambre consultative* comme représentant toutes les coopératives de production : rien ne doit être obtenu par ces sociétés sans passer par son intermédiaire. C'est ainsi que le conseil municipal de Paris ayant voté une somme de 50.000 francs « pour faciliter la participation des associations de production à l'Exposition de 1900 », la somme fut remise à la *Chambre consultative* pour en faire emploi. Ainsi encore parmi les bâtiments de l'Exposition de 1900 se trouve un « Palais du travail » destiné à être permanent et à servir aux expositions spéciales des sociétés ouvrières. On y a déjà dépensé 440.000 francs fournis par les contribuables et pour l'achever il en faut encore 300.000. La somme a été votée par la Chambre et au Sénat (qui n'a pas voté le crédit, il a renvoyé le projet à une commission), le ministre du commerce déclarait que la somme demandée de 300.000 francs serait remise à la Chambre consultative « qui présente des garanties sérieuses ».

La *Chambre consultative* avait envoyé à l'exposition d'Hanoï (1902) un de ses membres chargé d'organiser un pavillon spécial où ont figuré les produits envoyés par un certain nombre d'associations de production et chargé aussi d'en assurer le placement[1].

On pourrait s'étonner qu'avec de tels avantages qui leur sont offerts, car nulle société n'a accès à la Banque coopérative et aux nombreuses faveurs administratives que par la *Chambre consultative*, cette Chambre n'ait pas l'adhésion de toutes les coopératives existantes : elle en a 189 (dont moitié à Paris) sur plus de 300. C'est qu'elle met à l'admission des asso-

1. Je ne puis dire qui a fait les frais du voyage de ce délégué.

..ciations certaines conditions, ou avouées ou cachées, qui sont de nature à en écarter un certain nombre.

Les conditions avouées, c'est-à-dire écrites dans ses statuts, sont réputées être destinées à discerner les vraies coopératives des fausses, et parmi ces conditions se trouve celle-ci : payer aux auxiliaires le salaire syndical, c'est-à-dire d'ordinaire un salaire supérieur à celui en usage, et leur attribuer en outre une part d'au moins 20 % dans les bénéfices. Or on a vu plus haut ce qu'il faut penser d'une clause pareille, ruineuse pour l'avenir et pour le recrutement des associations.

Et puis, à côté des clauses écrites, il y en a qui ne le sont pas; ainsi il n'est rien dit dans les statuts de la Chambre consultative sur l'esprit qui doit animer les sociétés adhérentes, mais une association d'ouvriers peintres s'étant présentée il y a quelques années pour être membre de la Chambre, fut écartée pour cette seule raison que ses membres étaient catholiques et le déclaraient. Et puis la Chambre constatant qu'elle avait antérieurement admis une société d'ouvriers charpentiers en fer qui était dans les mêmes conditions, prononça son exclusion immédiate, attendu qu'il est contraire à la neutralité d'avoir une religion ou au moins de l'avouer.

Quant à la neutralité politique de la Chambre consultative, on en sera instruit parfaitement si l'on veut lire les déclarations faites dans son organe, l'*Association ouvrière,* en faveur du ministère Combes, et de ceux qui l'ont précédé, ou bien par exemple, une sortie contre tel candidat « nationaliste, c'est-à-dire clérical et réactionnaire ». La Chambre consultative donne de temps à autre des banquets présidés par un ministre ou son délégué, lesquels banquets se terminent par des discours où la politique a sa large place.

Pour le côté religieux, on trouve dans la même *Association ouvrière* un langage analogue à celui des journaux radicaux les plus avancés[1]. La Chambre consultative s'était fait représenter aux obsèques d'Émile Zola, « adversaire du catholicisme », disait la feuille, organe de la Chambre, de même que lors de l'épisode du champ de courses d'Auteuil, elle avait envoyé à M. Loubet une adresse très accentuée. Ce qui ne l'empêche pas d'ailleurs de répéter volontiers : nous ne faisons pas de politique, nous n'en parlons jamais.

Ajoutons que les doctrines socialistes sont hautement vantées dans l'*Association ouvrière*.

Il était nécessaire de faire connaître l'esprit de cette *Chambre consultative* à ceux qui seraient tentés de la juger uniquement par son nom et par son extérieur. On comprend aussi comment elle ne réunit pas toutes les sociétés coopératives.

Il a été indiqué déjà que cette *Chambre* se composait des délégués des sociétés adhérentes. Les ressources sont d'une part les cotisations que lui paient ces sociétés (0,50 sur 1.000 francs de main-d'œuvre avec un minimum de 30 francs), et d'autre part les subsides officiels pris sur les 165.000 francs (5.000 francs en 1902, dernier chiffre publié). La Chambre consultative d'ailleurs ne publie pas ses bilans, au moins depuis plusieurs années; le dernier connu (1898) accusait un fort déficit; on n'indiquait pas par qui il était comblé.

1. Un détail en passant : dans une tombola donnée au profit de l'orphelinat dont il va être question, on trouve comme lots plusieurs exemplaires de la *Religieuse* de Diderot, les *Romans* de Voltaire, la *Destruction des Jésuites*, etc. puis des portraits de Renan, etc.

La *Chambre consultative* a deux institutions qui relèvent d'elle : le journal et l'orphelinat.

Le journal appelé d'abord *l'Association coopérative*, à présent *l'Association ouvrière*, devrait vivre avec le produit des abonnements (les sociétés adhérentes sont tenues en principe de souscrire chacune un nombre d'abonnements proportionné à son importance) et des annonces; en fait, il lui faut l'aide de la *Chambre consultative*. En 1902, la dépense annuelle du journal était estimée à 4.500 francs par an.

L'orphelinat est destiné à aider les seuls enfants des coopérateurs, non pas dans un établissement spécial comme le nom le ferait croire, mais en leur remettant des secours tout en les laissant dans les familles qui les ont reçus. Il est actuellement (1903) dans sa quatrième année. Ses ressources se composaient pour l'année de : 1° versements des sociétés, 2.500 francs; 2° dons, 200 francs; 3° intérêt de capitaux (?), 500 francs; total : 3.200 francs. Mais la *Chambre consultative* se remuait pour lui faire obtenir des subsides et, en attendant, donnait des fêtes dans la salle du Trocadéro et obtenait l'autorisation de faire une tombola[1].

Au congrès coopératif de 1900, on avait émis le vœu que chaque société adhérente à la *Chambre consultative* prélevât sur ses bénéfices un pour cent pour le remettre à la Chambre qui en aurait fait un fonds de solidarité et de prévoyance. Mais très peu de sociétés ont fait ces versements (nous n'avons pas de chiffres précis), il semble même que le paiement

1. Cette tombola, pour laquelle on avait obtenu l'autorisation (souvent refusée actuellement à des œuvres charitables anciennes) d'émettre 100.000 billets à 0 fr. 50 et pour laquelle des lots avaient été offerts par les personnages officiels, n'a rapporté que 16.741 francs.

des cotisations à la *Chambre consultative* laisse à désirer.

§ 7. — Les coopératives de production socialistes.

Si on avait parlé de coopératives socialistes aux hommes qui s'occupaient il y a trente à quarante ans de provoquer la fondation d'associations ouvrières, ils auraient certainement répondu avec M. Casimir Périer (ce n'est pas celui qui est devenu président de la République) : « La coopération est contre les erreurs du socialisme, le plus sûr et le plus généreux des remèdes ». On était convaincu alors que le régime coopératif en rendant les ouvriers propriétaires soit de leur atelier, soit des profits de l'entreprise, en ferait des adversaires déclarés et naturels du socialisme. Les socialistes avaient la même idée, ils montraient une opposition extrême au mouvement coopératif. Que font, disaient-ils, ces associations qu'on nous vante? Elles font des patrons, c'est-à-dire des hommes qui s'élèvent au-dessus de leur classe, qui cessent d'être salariés et par suite d'être mécontents, qui n'ont plus nos idées révolutionnaires, et dans plusieurs congrès ils avaient flétri les coopératives de production.

Et puis les mêmes socialistes qui, de nos jours, tiennent peu aux principes et savent être fort opportunistes, se sont aperçus qu'ils faisaient fausse route. On peut fort bien être coopérateur en fait, et être en doctrine très révolutionnaire et bon socialiste. Nous en voyons aujourd'hui de nombreux exemples et au besoin la *Chambre consultative* en ferait la preuve; la logique ne domine pas les âmes. Les socialistes, de plus, ont constaté qu'ils auraient avantage à se servir du prestige qu'exerce le mot de coopératif, et à se servir même de l'institution et ils ont fait, en ce sens, plusieurs tentatives curieuses à étudier.

La verrerie de Rive-de-Gier. — Pendant une grève qui, en 1894, éclata dans la région de la Loire, et interrompit le travail dans une importante maison, la verrerie Richarme, le syndicat ouvrier qui avait commencé la grève et qui la soutenait, accepta l'offre qui lui fut faite, d'acheter — sauf à la payer plus tard — une verrerie qui était à vendre.

La nouvelle association prit la forme d'une société anonyme. Il a été expliqué déjà que cette forme légale qui n'a pas été faite pour les associations d'ouvriers, leur plaît néanmoins parce qu'elle limite à peu de chose leur responsabilité. On créa donc une société par actions. A la rigueur, ces actions auraient dû appartenir au syndicat fondateur de l'entreprise, mais il faut, pour obéir à la loi, donner le nom des souscripteurs des actions, le montant des souscriptions, etc., le syndicat prit alors le parti de diviser les 324 actions représentant le capital social entre douze de ses membres. Ainsi ces douze membres, aux yeux de la loi, et aux yeux des tiers, étaient réputés propriétaires de la verrerie, alors que les fonds ayant été faits par le Syndicat qui paya en effet, les vrais propriétaires étaient l'ensemble des syndiqués. La constitution de la société ouvrière était donc toute fictive; on avait tourné les dispositions de la loi.

Au bout de peu de temps, la verrerie ouvrière se trouva en présence d'une difficulté qui a toujours été l'écueil des maisons conduites par des ouvriers : le manque de débouchés pour les objets produits. En effet, les ouvriers, très novices en pareille matière, sont convaincus qu'il leur suffira de fabriquer et de fabriquer indéfiniment, on trouvera toujours à écouler les produits; or le placement des produits est justement la partie difficile du métier et les ouvriers de la verrerie de Rive-de-Gier en firent l'épreuve. La maison, outre son ancien personnel — on ne pouvait le congédier, c'étaient des camarades après tout — avait à occuper celui de la verrerie Richarme, car les sacrifices faits pour payer les actions de Rive-de-Gier avaient été consentis pour cette raison qu'on n'aurait plus à fournir d'allocations journalières aux ouvriers en grève. Le nombre des ouvriers avait presque triplé, et l'on dut ouvrir de nouveaux fours; la réfection de l'un de ces fours coûta seul 40.000 francs.

Bientôt les produits commencèrent à s'entasser; il fallut s'en défaire à vil prix, et malgré cela, on dut restreindre le travail et les salaires. On diminua les salaires de 50 pour 100 et il fut décidé en même temps, comme chaque ouvrier était réputé avoir sur l'usine un droit égal, que l'on ne travaillerait plus qu'une quinzaine sur deux. Il en résulta que les ouvriers perdirent leur dextérité habituelle et produisirent moins, les bons ouvriers quittèrent et il ne resta que les médiocres. A l'intérieur, la discipline allait se relâchant de plus en plus. Au congrès socialiste de Marseille (1895) un membre de la Fédération des syndicats d'ouvriers verriers déclarait « qu'à Rive-de-Gier, on travaille quand il fait plaisir et comme on veut ». Un délégué du Nord disait de son côté : « Quand j'ai visité la verrerie de Rive-de-Gier j'ai constaté la fausse situation créée aux administrateurs. J'ai vu quelques ouvriers manquer aux égards qui leur sont dus. Cette situation est regrettable, nous devons faire quelque chose qui discipline les rapports entre les ouvriers et l'administration. » Enfin Baudot, le Baudot de Carmaux, celui qui, par son indiscipline, avait été cause de la grève de l'usine Rességuier, disait, aux applaudissements du congrès : « Il faut une organisation, il est impossible qu'une administration marche sans autorité; si nous n'avons pas d'organisation, c'est la perte de l'œuvre. »

Ainsi les socialistes — l'orateur et ceux qui l'approuvent — constatent que la discipline est nécessaire, indispensable dans un atelier, mais la foule ouvrière, qui leur a toujours entendu prêcher le contraire, se souvient de leurs incitations et n'entend pas changer ainsi tout à coup. Elle reste telle que ses meneurs l'ont faite, même lorsqu'elle a ces meneurs pour chefs. Ils croyaient pouvoir, à leur volonté, la rendre successivement indocile, ayant un patron pour chef, disciplinée et respectueuse au contraire, lorsqu'elle les aurait à sa tête. Ils ont éprouvé à leurs dépens que les hommes ne changent pas ainsi, mais qu'ils restent ce qu'on les a faits.

« L'administrateur ouvrier, écrit M. de Seilhac (*grève de Carmaux*, page 146), n'est pas respecté par ses camarades, on discute ses ordres, on les plaisante, on le tourne lui-même en ridicule, et il n'ose rien dire. Pendant les quelques jours que j'ai passés à la verrerie aux verriers, j'ai constamment vu Pierre Vinay (l'ouvrier désigné par le syndicat) abordé par des ouvriers qui lui demandaient brutalement leur paie. L'administrateur de la verrerie s'en tirait comme il pouvait en leur donnant une partie de ce qu'ils réclamaient, puis il essayait d'esquiver les autres qui l'attendaient dans tous les coins de l'usine[1]. »

1. Veut-on savoir par comparaison comment les choses se passaient dans une coopérative du même type — société de production — mais

On ne sera pas surpris d'entendre qu'après deux ans d'existence, la verrerie de Rive-de-Gier déposa son bilan le 23 juillet 1896. L'actif était de 355.000 francs, et le passif de 500.000 francs, dont environ 100.000 francs de salaires arriérés.

On peut bien remarquer, en passant, que cet énorme dommage subi par les ouvriers de la verrerie — 100.000 francs de salaires impayés — ne fut pas relevé par la presse, alors que les journaux se sont empressés de signaler ce fait — et on le rappelle souvent, même aujourd'hui — que lors de la mise en liquidation de la société de Terre-Noire, la Voulte et Bessèges, il ne fut plus possible de payer les pensions de retraites promises par la société à quelques-uns de ses ouvriers; les salaires, du reste, avaient été intégralement payés. La situation de ces ouvriers privés des pensions sur lesquelles ils comptaient est assurément triste, mais celle des ouvriers non payés de leur salaire est peut-être plus fâcheuse encore; il est au moins singulier que l'on ne parle jamais que du second fait et non du premier.

La verrerie d'Albi. — Plus heureuse que la précédente, celle-là existe encore, mais il faut dire comment elle s'est fondée.

C'est en 1895 aussi et à la suite d'une grève qui avait éclaté à Carmaux dans la verrerie de M. Rességuier. Les journaux radicaux avaient ouvert des sous-

non socialiste? Le vicomte Lemercier, visitant en 1857 les associations ouvrières fondées à Paris en 1848-1850, décrit l'une d'elles, l'imprimerie Remquet, et s'étonne du pouvoir qu'exerce le directeur élu et du respect qui l'entoure. « A l'exception du prote, son vieil ami, et son vieux camarade, aucun des associés ne penserait à supprimer le « Monsieur » devant son nom. Il peut adresser de sévères reproches à ses co-associés, et aucun d'eux ne songe à s'en formaliser. C'est, en un mot, plutôt un imprimeur au milieu de ses ouvriers qu'un gérant au milieu de ses associés. »

criptions en faveur des grévistes et l'un d'eux, l'*Intransigeant*, reçut d'une vieille dame une somme de 100.000 francs offerte aux ouvriers pour les aider à se créer un établissement. Il fut donc décidé dans le comité organisateur de la grève que l'on allait fonder une coopérative, et on nomma un *comité d'action de la verrerie ouvrière* qui avait, chose assez étrange, son siège à Paris.

Là il fut décidé qu'une verrerie ouvrière serait fondée au capital de 500.000 francs fournis par 5.000 actions à 100 francs l'une. Seraient seuls admis à souscrire les sociétés coopératives et les syndicats qui s'engageraient à mettre en commun leurs dividendes pour les affecter à la défense de la cause socialiste. Les actions étaient nominatives (la loi l'exige) et transmissibles à un prix invariable de 100 francs, mais elles ne pouvaient être cédées qu'à des coopératives ou à des syndicats : les actions provenant du syndicat à un syndicat, celles des coopératives à d'autres coopératives.

Le conseil d'administration de la société devait être composé de neuf membres dont six seraient nommés par le syndicat des verriers de Carmaux. Quant aux bénéfices, ils devaient être employés ainsi : d'abord 20 pour 100 à la réserve ; on voulait avoir une forte réserve, ce qui était une excellente précaution ; les membres du comité d'action montraient ainsi qu'ils comprenaient toute l'utilité du capital ; le surplus serait attribué : 60 pour 100 aux actionnaires (ces 60 pour 100, les syndicats et les coopératives qui étaient les actionnaires, s'étaient engagés à les affecter aux dépenses du parti socialiste) et 40 pour 100 à diverses institutions d'assistance ou de secours devant profiter aux ouvriers occupés dans l'usine.

Les souscriptions, bien qu'annoncées et sollicitées par les journaux de l'extrême gauche, ne furent pas nombreuses. Quelques sociétés coopératives de consommation qui distribuent à leurs membres les bénéfices obtenus, mais dont les opinions socialistes étaient notoires, souscrivirent, contrairement à la loi qui ne leur permet pas de faire un pareil emploi de leurs fonds, un petit nombre d'actions. La *Moissonneuse*, la principale société de consommation parisienne, qui compte au delà de 16.000 membres, en prit pour 10.000 francs. On sollicita des souscriptions privées, même très faibles, par le moyen de tickets, et on eut beaucoup de peine à réunir une somme totale de 300.496 francs composée de : actions, 29.300 francs — vente de tickets, 91.196 francs — don de Mme Dambourg, 100.000 francs — alloué par le Conseil municipal d'Albi, 25.000 francs — fonds de grève de Carmaux, 40.000 francs — don de M. Berteaux, agent de change et député, 5.000 francs — quêtes à Albi, 4.000 francs — autres quêtes, 1.000 francs [1]. C'était donc 300.000 francs au lieu des 500.000 que l'on avait d'abord déclarés nécessaires, on pouvait cependant avec 300.000 francs tenter l'entreprise; mais deux questions se posèrent tout d'abord qui furent âprement discutées dans le Comité siégeant à Paris.

D'abord où convenait-il d'ériger la future verrerie? A Carmaux, ou bien à Albi? Carmaux semblait tout désigné, puisque c'était là qu'avait eu lieu la grève qui avait donné le branle au mouvement et décidé la création de la fabrique ouvrière; n'était-ce pas là aussi que se trouvait l'usine rivale et détestée, celle de M. Res-

1. Ces chiffres sont ceux que donne le *Journal des Économistes* de novembre 1896, page 313. J'en ai trouvé ailleurs d'un peu différents; j'ai pris les plus probables.

séguier? N'étaient-ce pas aussi ses anciens ouvriers, ou tout au moins une partie d'entre eux qui devaient fournir le personnel de la verrerie nouvelle? Et cependant Albi l'emporta pour des motifs d'ordre technique, et aussi peut-être pour des raisons politiques et personnelles. Cette première décision du comité d'action causa à Carmaux une surprise pleine de colère.

Deuxième question : la société future devait-elle être « une verrerie aux verriers » ou une « verrerie ouvrière » ? La différence que l'on voyait entre les deux était qu'une « verrerie aux verriers » aurait appartenu, du moins la direction, aux ouvriers occupés dans l'usine, tandis qu'une « verrerie ouvrière » aurait été la propriété de tous les ouvriers, du prolétariat en général. Cette seconde solution l'emporta et il n'en faut pas être surpris. L'usine n'avait pas été fondée par ses futurs ouvriers, ils n'avaient fourni aucun argent, n'avaient fait pour elle aucun sacrifice, pourquoi auraient-ils été maîtres d'un établissement qui ne leur avait rien coûté? Il fut donc résolu qu'on aurait une *verrerie ouvrière* et qu'elle serait installée à Albi. Les membres du comité d'action promirent d'ailleurs « de ne pas laisser ramener l'entreprise aux proportions mesquines d'une société coopérative ».

On remarquera ces derniers mots, ils font voir que si le comité d'organisation emprunta à la coopération son extérieur et sa manière de grouper et de conduire les ouvriers, il entendait bien n'en pas prendre l'esprit, c'est-à-dire ne pas tendre à changer la situation des ouvriers appelés à faire partie de l'association. Ils ne devenaient pas propriétaires du fonds et les bénéfices ne devaient pas leur profiter. C'était du moins la pensée des organisateurs; en fait, on va voir qu'il en arriva autrement.

Et d'abord les nouveaux directeurs de la verrerie montrèrent leur inexpérience des affaires en commettant la même faute que ceux de Rive-de-Gier. Alors que l'usine Rességuier (la rivale) avait au moment de la grève, des stocks abondants, c'est-à-dire que sa production excédait les demandes, la verrerie ouvrière se mit à fabriquer sans mesure. On ne travaillait pas le dimanche chez M. Rességuier, on travailla ce jour dans la verrerie ouvrière. Ainsi ces malheureux ouvriers qui se plaignent du travail excessif auquel ils sont soumis, assurent-ils, et qui ne leur laisse pas de relâche, se retranchaient à eux-mêmes le repos que leur allouait ce patron qu'ils appelaient un oppresseur et un tyran. Ce n'était point par nécessité qu'on agissait de la sorte, puisque au contraire on ne savait comment écouler les produits.

Le syndicat des verriers avait bien essayé de déterminer, parmi les autres syndicats des diverses professions, une sorte de manifestation universelle, afin d'obtenir que leurs membres par toute la France prissent l'engagement de n'accepter que des bouteilles portant la marque de la verrerie d'Albi; ils auraient dû même exiger des débitants qu'ils se servissent exclusivement de verres venant de la fabrique d'Albi. L'*Intransigeant* contenait journellement une note en ce sens : « Nous rappelons à nos amis que, pour assurer le succès complet et définitif de la verrerie d'Albi, le meilleur moyen consiste à exiger de leurs fournisseurs qu'ils leur livrent tous les liquides dans des bouteilles portant la marque de la fabrique à la prospérité de laquelle toute la démocratie socialiste est intéressée. »

Le même journal ajoutait : « Tous les cafetiers, marchands de vin et liquoristes s'empresseront, nous en sommes sûrs, de se coaliser avec nous pour cette œuvre de justice et d'extension commerciale et il ne sera pas besoin de les menacer de mise en quarantaine pour les amener à s'associer avec nous dans le but d'assurer la prospérité aux trois cents familles que la réaction affecte de plaindre, afin de les réduire à la misère. » Il ne semble pas que ces appels aient eu aucun effet.

Les fonds manquant, l'administration de la verrerie adressait de tous côtés des appels désespérés; elle faisait annoncer que l'on trouvait aux bureaux de l'*Intransigeant* des bons émis à 5 francs et remboursables à 6 francs par tirages semestriels. Exiger 6 francs lorsqu'on en a prêté 5, c'est de l'usure assurément et les socialistes l'auraient bien fait ressortir si ce n'eût été pour la verrerie ouvrière.

Cette souscription par ticket a-t-elle donné ce qu'on en attendait? Il est permis d'en douter, car on dut bientôt mettre les ouvriers de la verrerie à la demi-journée et, par suite, à demi-salaire et leur retenir encore 5 pour 100 sur ces faibles gains. C'est alors qu'arrivèrent les réclamations et récriminations de toutes sortes. Il y a de l'ouvrage, disait-on couramment, dans la population de l'usine, et il y a de l'argent pour les amis des administrateurs; il n'y en a pas pour les autres.

Les directeurs de la verrerie, convaincus, et avec raison, qu'il faut de la discipline et une ferme autorité, avaient rédigé un règlement rigoureux qui fut, à leur grande fureur, reproduit dans divers journaux et connu ainsi du public. On se plut à le comparer avec celui de la verrerie Rességuier qui est moins strict; on y releva surtout ce passage :

« Tout ouvrier quittant le travail pour un motif

quelconque ne pourra le reprendre que le lendemain; tout ouvrier arrivant en retard de plus de cinq minutes perdra une demi-heure. »

Assurément c'était sage, c'était nécessaire, mais il était piquant de savoir que Baudot était l'un des rédacteurs de cette disposition[1]. N'avait-on pas déclaré aussi, en établissant la verrerie, qu'on l'érigeait par principe? « Nous voulons, avaient dit ses fondateurs, que l'ouvrier s'appartienne comme ouvrier, qu'il travaille pour lui, chez lui, à son propre bénéfice, qu'il soit libre et que les renvois comme celui de Baudot ne soient plus possibles. »

Or on a vu que la verrerie n'était pas aux verriers, mais au « prolétariat » représenté par les syndicats ou sociétés propriétaires d'actions. L'ouvrier n'est donc pas chez lui, il ne travaille pas pour lui; est-il vrai qu'il s'appartienne et que le cas de Baudot ne soit plus possible?

Un article du règlement permet aux administrateurs de congédier tout ouvrier fautif. Cette disposition est nécessaire, mais comment en usent-ils? Dès la fin de 1896, quelques ouvriers adressaient au Comité d'action de Paris — ne pas oublier que ce comité si éloigné a la haute main sur la verrerie — une lettre qui fût publiée dans les journaux et qui contenait ceci : « On vient de nous frapper, quatre, de renvoi, pour avoir, prétend-on, violé le règlement intérieur de l'usine.

« C'est cependant, rappellent les signataires, pour ce motif que M. Rességuier a congédié Baudot, ce qui a donné lieu à la grève. » Et ils continuent : « Eh bien, aujourd'hui, ce même Baudot et ses collègues les administrateurs de la verrerie ouvrière, se servent du

1. La grève avait éclaté parce que le patron, M. Rességuier, avait, après l'avoir prévenu, congédié ce Baudot qui venait très irrégulièrement.

même motif pour nous frapper quatre d'abord, d'autres suivront sans doute.

« Nous allons maintenant vous dire pourquoi et comment nous tombons sous le coup du règlement intérieur de l'usine. Pour avoir demandé des comptes sur la situation de l'usine — il n'y en a pas eu depuis onze mois — le camarade Guignot (Étienne), huit jours de mise à pied.

« Pour avoir dit que le bâtiment d'administration coûtait trop cher, 65.000 francs, qu'on aurait pu dépenser moins, pour cela, le camarade Valette, huit jours de mise à pied.

« Pour avoir déclaré que le règlement était applicable à tous et que quand Baudot arrivait en retard, on ne lui faisait pas d'observation, tandis qu'à d'autres, pour dix minutes de retard, on leur mettait une heure en bas, le camarade Serven, huit jours de mise à pied.

« Pour avoir exprimé l'opinion qu'on voulait inféoder la verrerie ouvrière à un parti politique (un jugement du 9 avril 1898, qui a dissous le syndicat comme s'étant occupé de politique, a montré que cette plainte n'était pas injuste) et que le syndicat, en tant que syndicat, s'ingérait trop dans la direction de l'usine, le camarade Gueritet, père de cinq enfants, mise à pied de huit jours. »

Le syndicat, pour punir ces quatre ouvriers d'avoir osé réclamer, et leur faire voir quelle différence il y a entre la tyrannie patronale et la liberté socialiste, prononça leur exclusion. Elle fut votée en assemblée générale à une très forte majorité, après que Baudot eut dit : « Nous reconnaîtrons ceux qui, en votant le renvoi, veulent la prospérité de l'usine, de ceux qui, en votant contre, veulent sa chute. »

Le syndicat décida même que qui oserait réclamer contre un renvoi prononcé serait exclu à son tour. Il ne restait aux malheureux renvoyés qu'à s'adresser à la justice ; ils le firent et le juge de paix condamna les administrateurs de la verrerie à payer à chacun d'eux 500 francs de dommages-intérêts pour renvoi injustifié[1].

Il n'était pas inutile de rapporter ce trait, parce qu'il montre ce que sont les meneurs socialistes et ce que valent les promesses que fait le parti aux malheureux ouvriers. On les soulève contre leurs patrons pour les soustraire, dit-on, à leur tyrannie et on voit la tolérance qu'ils trouvent chez des ouvriers leurs camarades, mais imbus de l'esprit socialiste, esprit tyrannique et autoritaire au plus haut degré.

On remarquera encore un point : dans les coopératives ordinaires, le gérant souvent est victime de l'esprit étroit et du peu de sens de ses camarades ; ici, le syndicat socialiste qui s'était effacé dans la gestion de Rive-de-Gier, garde la haute main, et dès l'abord, on sent les effets de sa présence.

Les ouvriers occupés à la verrerie d'Albi furent pendant longtemps dans une position pénible, tou-

1. Ce jugement d'ailleurs contient comme motifs, aussi bien que comme rédaction, des choses fort extraordinaires. « Attendu que l'administrateur n'est pas autre chose qu'un ouvrier, qui n'est, comme on veut bien l'appeler, que le *copain* des autres ouvriers, qu'il ne peut donc exiger de son camarade et de son *copain* plus de déférence puisqu'ils sont censés être toujours sur le même pied. — Attendu que si nous étions en présence d'un patron ordinaire, nous nous trouverions dans une assez grande perplexité, j'aurais à réfléchir et j'hésiterais grandement. *A priori*, je ne crains pas de le dire, mon avis serait même qu'il faut faire pencher la balance du côté de l'administration... mais aujourd'hui, il en est autrement. »

Il suit de là que le juge de paix : 1° considérait les réclamations ci-dessus comme des marques d'indiscipline ; 2° estimait que la discipline est nécessaire chez un patron et nullement dans une société coopérative d'ouvriers. On voit les idées singulières qu'ont au sujet de ces sociétés même des hommes instruits, même des magistrats.

chant des salaires insuffisants et n'osant se plaindre trop haut, puisque eux-mêmes l'avaient voulu. La situation est meilleure aujourd'hui. Mais il faut considérer toujours que ce ne sont point les ouvriers associés qui ont formé le capital de l'entreprise, il n'y a pas là une coopérative véritable. Même observation pour la société qui va suivre.

La mine de Monthieux.

Voici une entreprise toujours existante et qui paraît même être dans une situation prospère, c'est la mine aux mineurs de Monthieux.

La mine de Monthieux avait été installée par une compagnie qui, après avoir dépensé tout son capital : 1.600.000 francs, fut mise en liquidation et, en 1895, la concession, avec son matériel, fut mise en vente par autorité de justice. Le syndicat ouvrier acheta le tout pour 10.000 francs.

Remarquons en passant, que les syndicats parlent souvent de l'exploitation des ouvriers par les capitalistes parce que, disent-ils, les salaires sont trop faibles, qu'ils ne sont pas la juste récompense du travail dépensé. N'aurait-on pas pu parler ici de l'oppression du capital par les ouvriers? Voilà les résultats produits par 1.600.000 francs de capital, ou, si l'on veut, par 1.600.000 francs d'épargne qui sont achetés par les ouvriers pour 10.000 francs. Ces ouvriers qui ont reçu 1.600.000 francs de salaire, rachètent le produit de ces 1.600.000 francs pour 10.000 francs, et on parle sans cesse de l'omnipotence du capital, de l'impuissance du travail devant lui!

Dix mille francs étaient un faible prix, mais c'était

plus pourtant que ne possédait le syndicat, et il fallait avoir en plus un fonds de roulement. Le conseil municipal de Saint-Étienne avait voté une somme de 10.000 francs pour les ouvriers sans ouvrage de Monthieux, on les employa à payer l'achat de la concession; était-ce bien régulier? M. Marinoni, le directeur du *Petit Journal*, avait envoyé 50.000 francs, d'autres souscriptions avaient produit 5.000 francs, c'était donc avec 65.000 francs que commençait la Mine aux mineurs.

Les ouvriers n'avaient ainsi rien fourni; tandis que les fondateurs des coopératives ordinaires consentent parfois de sérieux sacrifices pour constituer l'œuvre commune, ceux-ci n'ont pas dépensé un centime. D'après la loi, le capital de la Société appartient aux associés qui l'ont fourni et il se divise en actions dans les Sociétés qui sont du type légal adopté par celle de Monthieux, chaque sociétaire ayant un chiffre d'actions en rapport avec le capital qu'il a souscrit. On ne pouvait ici attribuer les actions à M. Marinoni et au conseil municipal de Saint-Étienne, on les divisa donc entre les ouvriers admis à travailler dans la mine. Comme il n'y avait place que pour une partie des ouvriers occupés par l'ancienne Compagnie et que les conditions du travail devaient être très avantageuses dans la nouvelle Société, c'est le syndicat qui désigna les favorisés : il choisit, suivant l'expression d'un homme très compétent, M. l'ingénieur Grüner (*Société d'économie sociale*, séance du 11 novembre 1895), « les plus fortes têtes du parti, épaves des grèves précédentes ou indisciplinés venus de toutes les Compagnies au lieu et place de l'ancienne Compagnie minière expropriée ». Enfin la Société fonctionna.

La première mesure prise fut de débaptiser quelques-uns des puits : on eut le puits Marinoni, ce qui était de toute justice, et la fendue Basly. Ce n'est pas que le député-cabaretier eût fourni aucune aide à la « Mine aux mineurs », mais c'est un nom illustre parmi les socialistes.

Immédiatement se posa une question brûlante et irritante, mais qui n'aurait pas dû s'élever chez des socialistes ennemis *en paroles* de la propriété individuelle : A qui appartient la concession? — A nous, disaient les ouvriers qui y étaient installés; ne sommes-nous pas propriétaires des actions qui représentent les parts de la propriété sociale? Voilà nos titres; légalement ils sont incontestables. Mais d'abord ils n'avaient pas toutes les actions, ils n'en avaient qu'une partie, les autres étaient à des ouvriers syndiqués et non occupés dans la mine, de plus ils ne pouvaient prétendre qu'ils eussent payé les actions qu'ils détenaient; on savait que les fonds avaient été fournis par des donateurs qui avaient entendu favoriser, non pas tel ou tel ouvrier, puisqu'ils n'en connaissaient aucun, mais l'ensemble, la corporation; or, qui la représentait? Incontestablement le syndicat. Seulement, comme il est rare que l'on se rende à l'évidence d'un raisonnement, les disputes commencèrent et tournèrent de suite en procès.

On a parlé souvent des procès que les anciennes corporations de métiers soutenaient les unes contre les autres. La Société de la Mine aux mineurs n'eut pas besoin d'entrer en litige avec ses voisines, elle eut des procès intimes et ils furent nombreux.

Les statuts avaient été déposés le 25 novembre 1891, en l'étude d'un notaire de Saint-Étienne, et dès le mois de février 1892, la brouille commençait. Elle vint à ce point, qu'en juillet, le président du tribunal de Saint-Étienne dut nommer un séquestre de la Société et faire occuper la mine par la gendarmerie. « Des scènes fort tristes se produisirent, parce que les guichets de paye étaient fermés et que la misère devenait intense. » D'abord ce sont des sociétaires expulsés qui font déclarer nulle leur exclusion, puis ce sont des administrateurs remplacés qui font casser par justice la décision de l'assemblée générale qui les a dépossédés. On trouvera la longue énumération de ces décisions de justice dans la Monographie du piqueur sociétaire de Monthieux, par M. du Maroussem (Paris, Didot, 1898).

Le procès le plus sérieux fut celui qu'intentèrent contre la Société quelques-uns de ses auxiliaires. — Le lecteur sait ce que sont les auxiliaires, dans les sociétés coopératives. — Les statuts contenaient une clause fort imprudente, déclarant que l'on considérerait comme sociétaire quiconque aurait travaillé dans la mine durant un temps marqué. Plusieurs auxiliaires qui avaient le temps de travail voulu, réclamèrent leur admission dans la Société, en demandant qu'il fût attribué à chacun une action, puisque le capital avait été fourni à titre gratuit par des libéralités et qu'il avait été bien convenu au début qu'on le partagerait entre tous ceux qui travailleraient dans la mine.

D'abord, ils tentèrent de faire prévaloir leurs réclamations par la violence, envahissant les assemblées générales des associés où, rigoureusement, ils n'avaient pas le droit d'entrer, et puis, n'ayant pas été les plus forts, ils s'adressèrent à la justice, et deux jugements du tribunal de Saint-Étienne leur reconnurent la qualité de sociétaires, en ordonnant qu'il fût attribué une action à chacun d'eux : il y en avait 31.

Depuis, les actionnaires de Monthieux ont mieux pris leurs précautions. Ils font signer aux auxiliaires qu'ils engagent, une déclaration par laquelle ceux-ci reconnaissent qu'ils ne sont pas candidats actionnaires, mais simples salariés, et qu'ils n'élèvent aucune prétention sur la propriété de la mine. La précaution était utile, car les nouveaux auxiliaires ayant tenté de faire comme les premiers, c'est-à-dire ayant saisi le tribunal de Saint-Étienne, virent leur demande repoussée, à raison de l'engagement qu'ils avaient souscrit.

Telle est donc la situation : cette « Mine aux mineurs » qui devait appartenir aux travailleurs des mines sans distinguer, les premiers à l'œuvre travaillant seulement pour faire triompher l'idée, pour aider leurs camarades à venir prendre place à leur tour dans l'atelier commun, cette institution est devenue seulement une entreprise industrielle, propriété d'un certain nombre d'ouvriers (72 contre 172 auxiliaires) qui n'en ont pas fourni le capital — remarquons cela — et qui cependant entendent bien garder pour eux les profits ; qui, maintenant qu'ils sont dans la place et dans une bonne place, en écartent soigneusement quiconque prétendrait partager avec eux et être traité comme eux-mêmes l'ont été au début. Cela revient à dire que l'institution, après avoir été créée pour être une œuvre d'émancipation des ouvriers mineurs, est devenue une bonne affaire pour quelques-uns d'entre eux, grâce, non à leurs efforts (ce serait justice qu'un tel résultat), mais à l'argent d'autrui. Les membres de la commission organisatrice de la verrerie d'Albi pourront dire en parlant de la « Mine aux mineurs » de Monthieux que « l'entreprise a été ramenée aux proportions mesquines d'une société coopérative ». Ajoutons d'une société qui n'est pas créée avec ses propres ressources. Elle a reçu un coup sensible lors des dernières grèves (1902). Comme la « Mine aux mineurs » avait continué à travailler pendant la grève, elle fut traitée par les grévistes comme une simple mine patronale et saccagée entièrement. Et pourtant les sociétaires avaient hautement témoigné de leur sympathie pour les grévistes et pour les idées socialistes, ils avaient même offert de verser à titre de rançon[1] 2.000 francs par semaine au syndicat qui soutenait et dirigeait la grève. Rien n'y fit : les bandes grévistes détruisirent les bâtiments extérieurs : bureaux, etc., et essayèrent même d'attenter à la vie des mineurs qui avaient le tort — inexcusable aux yeux des socialistes — de travailler lorsque le syndicat l'avait défendu.

« Actuellement, ajoutait le directeur de l'association, à la suite de ces violences (octobre 1902) tout est éteint, aucun générateur ne marche, nulle pompe d'épuisement ne fonctionne et la mine étant en contre-bas, est envahie par sept ou huit mètres d'eau chaque jour. Si on ne peut faire les travaux de conservation, c'est la ruine de l'association[2]. »

On voit que la société a subi là une très pénible épreuve et de la part d'ouvriers socialistes, dont il semble pourtant que son origine aurait dû la préserver.

On peut citer encore un essai, mais fort récent,

1. On peut trouver surprenant de voir un établissement compter assez peu sur la force publique chargée de défendre la liberté du travail pour offrir de se racheter des violences probables. Dans une grève précédente la « Mine aux mineurs » avait acheté sa sécurité en payant une rançon de 1.500 francs par semaine. Ce fait en dit long sur la situation actuelle.

2. Le journal l'*Association ouvrière* assurait en juillet 1903 que la situation matérielle était très bonne.

d'exploitation socialiste minière et encore les renseignements que nous donne sur ce point la *Revue populaire d'Économie politique* de juillet 1902 ne sont point complets.

On y lit seulement que l'année précédente, 1901, quelques ouvriers mineurs achetèrent « à l'aide de souscriptions particulières et des dons des pouvoirs publics » la mine alors inexploitée de St-Eugène. Il fallait des fonds pour tirer parti de la mine achetée, ils furent fournis par « des Bourses du travail, des fédérations, des groupements socialistes, etc. ». Enfin la société fut inaugurée en présence « du citoyen Certeux, chef du cabinet du citoyen Millerand ministre du Commerce » et chargé de le représenter. « Il affirma la réussite de l'œuvre (?) et l'assura du concours des pouvoirs publics. »

« L'entreprise est sous la surveillance d'un comité de vigilance composé de trois délégués du syndicat de Montceau, quatre délégués pris dans la fédération du syndicat de Saône-et-Loire, deux délégués pris dans la fédération générale du travail et enfin de deux délégués pris dans la fédération nationale des mineurs de France. »

Il est chargé de ne pas laisser dévier la société du but de son institution et notamment de veiller à ce qu'elle soit exploitée uniquement par les associés et non par des auxiliaires [1].

L'avenir montrera si cette condition est mieux observée qu'à Monthieux et si l'entreprise obtient le succès qui lui a été prédit par le délégué du ministre.

1. La Chambre des députés a voté le 4 juillet 1903 un subside de 50.000 francs pour la mine coopérative des Petits-Châteaux (Saône-et-Loire), mais sans que le peu de renseignements fournis sur son compte permette de dire si elle a ou non des origines et une tournure socialistes.

Il faut maintenant mentionner, pour être complet, les quelques ateliers fondés par des syndicats que domine ordinairement l'idée socialiste.

§ 8. — Les coopératives syndicales.

Il arrive souvent aux syndicats ouvriers d'avoir à leur charge un certain nombre de membres ou momentanément sans travail ou qui, à raison de leur hostilité contre les patrons, ont été exclus de leur atelier et ont quelque peine à se replacer. La pensée vient volontiers aux syndicats de les employer et d'ériger pour eux des ateliers, d'autant que c'est en même temps une occasion de mettre en pratique les règles syndicales : salaires fixés par le syndicat, durée du travail de même, et les bénéfices affectés à la propagande. (Il s'agit, bien entendu, de la propagande socialiste.)

Quelques rares tentatives ont été faites en ce sens : nous avions dernièrement sous les yeux le résumé des statuts d'une association de production que le syndicat des ouvriers cordonniers de Paris se proposait d'ériger. N'y seront admis que les ouvriers appartenant depuis un an au moins au syndicat, ils recevront le salaire syndical (c'est-à-dire supérieur à la moyenne) pour des journées de huit heures. Le travail devra être « un plaisir et une joie », on voit qu'une certaine dose d'utopie se mêle volontiers à ces projets. On n'indiquait pas, du reste, comment on prétendait transformer en un plaisir le travail consistant à faire ou à réparer des chaussures.

De tels essais réussissent peu : ils sont d'abord coûteux et les syndicats ne sont jamais bien riches;

l'argent qu'ils ont, ils le gardent d'ordinaire pour le but qu'ils se proposent au fond presque tous : organiser et soutenir des grèves. On érige de tels ateliers dans un moment d'enthousiasme et parce qu'on ne s'est pas rendu compte de la dépense et des difficultés de l'entreprise, mais on se lasse vite des sacrifices à faire et on s'arrête devant la dépense ou bien on se décide à liquider l'entreprise.

De plus ces sortes d'ateliers formés d'un personnel sans cesse variable, assez indocile et hostile aux supériorités, puisque c'est la raison souvent de leur présence dans l'atelier syndical, et rarement dirigés par un homme ayant des capacités techniques, ces ateliers ont contre eux plus de mauvaises chances que de bonnes et c'est ce qui a fait leur peu de succès jusqu'ici.

§ 9. — L'utilité des coopératives de production.

Très peu aujourd'hui, même parmi les plus déterminés partisans de la coopération ouvrière, ont gardé les illusions des premiers temps, lorsque les apôtres de l'idée nouvelle se figuraient qu'ils allaient abolir le régime du travail salarié et le remplacer par une autre organisation : le travail associé; tous les ateliers et chantiers étant la propriété de ceux qui y travaillent lesquels obéiraient uniquement à des chefs choisis par eux. Il est trop évident aujourd'hui que cette sorte d'organisation de l'industrie ne sera jamais qu'une assez rare exception et que la grande masse ouvrière préférera toujours la condition de salariée avec une rétribution connue d'avance, à la situation plus incertaine de co-propriétaire de l'entreprise, laquelle demande des sacrifices, une responsabilité, etc. L'association coopérative n'est donc que pour un petit nombre.

Pour ceux-là, c'est-à-dire pour ceux qui fondent des associations et les soutiennent avec persévérance, le régime coopératif peut avoir d'heureux résultats. Non seulement les membres de ces sociétés y trouvent la stabilité puisque, étant chez eux, ils ne craignent pas d'être congédiés, mais ils peuvent espérer d'arriver à la sécurité, comme les membres de l'association des lunettiers qui, en laissant dans leur très prospère société leur apport de 30.000 francs (formé on a vu comment), touchent dans leur vieillesse de véritables et larges pensions.

De tels exemples sont rares sans doute, mais les distributions de dividendes et de dividendes très convenables ne sont nullement exceptionnelles. Voilà donc un premier résultat : amélioration de la situation matérielle des associés. Ce résultat n'est que pour un petit nombre; ce qui vaut mieux, parce que c'est un effet qui peut s'étendre au dehors et profiter à d'autres qu'aux sociétaires, c'est qu'il en ressort un enseignement pour la classe ouvrière entière.

On a lu déjà la déclaration de cet ouvrier : « Nous nous étions figuré que le capital n'était rien (avant d'avoir entrepris notre association). Ah! nous nous étions bien trompés, le capital est beaucoup. » De plus ces mêmes ouvriers s'imaginent facilement que les patrons, parce qu'ils s'appellent patrons, font des bénéfices énormes, peuvent payer les salaires qu'on leur demande et gagnent enfin sans se donner aucun mal. Lorsqu'ils sont obligés d'organiser une maison d'industrie, de la conduire, de la faire durer, ils voient ce qu'ils ne soupçonnaient pas, qu'il faut se donner beaucoup de peine pour réussir, que le succès ne s'obtient pas sans sacrifices, ni persévérance et qu'enfin il ne suffit pas de fonder une maison pour qu'elle prospère. Ils voient à quel chiffre souvent modeste se réduisent ces bénéfices qu'ils croyaient si forts; il y a là une démonstration que ne peuvent récuser les ouvriers et qui est, pour eux, singulièrement instructive.

D'autre part ils sont bien obligés de constater que ces vertus bourgeoises de calcul, de prévision, d'épargne, qu'ils considèrent peu d'ordinaire, ne sont point méprisables, et que si les chefs d'industrie gagnent ordinairement plus que leurs ouvriers [1], ils ont un souci, une peine, une responsabilité que les salariés ignorent.

Un grand industriel anglais, M. Forster, président de l'*Association pour l'avancement des Sciences sociales*, disait à sa société en parlant des Coopératives de production : « Il faut applaudir à de pareils essais, il faut en souhaiter vivement la réussite. Capitaliste moi-même, je ne saurais l'oublier, je trouve un très grand avantage à ce que les travailleurs apprennent qu'en employant de la sorte leurs épargnes, ils encourent aussi bien le risque d'une perte, que la chance d'un profit. »

Un autre chef d'industrie, M. Greggs, président du congrès coopératif (anglais) de 1881, parlait de même : « Nous avons toujours été favorables à l'essai et à la propagation des sociétés coopératives. Les classes ouvrières s'exercent ainsi à la pratique des affaires. Elles apprennent à connaître les difficultés et les mécomptes qui en sont inséparables. Elles se désabusent des idées de profit exagéré et de monopoles

1. C'est à dessein que je dis « ordinairement »; il y a de petits patrons qui gagnent moins que leurs salariés. Le fait, pour surprenant qu'il paraisse, est néanmoins certain.

qu'elles attachent volontiers aux mots de capital et de capitaliste. »

Dans un congrès socialiste, à Marseille, l'un des orateurs disait aux applaudissements de l'assistance : « La coopération démoralise les ouvriers en en faisant des bourgeois. Tous les bourgeois ont conseillé la coopération (*tous* est exagéré, c'est quelques-uns qu'il faut dire)... c'est que les associés ne demandent plus ni augmentation de salaire, ni diminution d'heures, ils travaillent plus que les salariés, ils ne font pas de grèves. »

Pourquoi, en effet, feraient-ils des grèves et contre qui en feraient-ils puisqu'ils sont leurs propres patrons? On a vu des coopératives faire, en cas de grève, cause commune avec les patrons puisqu'en effet, elles ont même intérêt. Une coopérative s'est même formée à Paris dans l'industrie de la typographie, pour résister aux exigences abusives d'un syndicat ouvrier. Le gérant des lithographes assurait que « lorsqu'une maison de province a besoin d'un bon ouvrier imprimeur-lithographe elle s'adresse de préférence chez nous. Les patrons (de Paris) nous en demandent. Nous ne sommes en mauvais termes qu'avec un petit nombre et pour des questions de concurrence ».

Dans les coopératives déjà un peu anciennes, les ouvriers ne tardent pas à revenir sur tous leurs préjugés touchant non seulement le capital, mais les machines qu'ils accusaient jadis de supprimer la main-d'œuvre et qu'ils acceptent à présent et installent parfaitement dans leurs ateliers, ainsi que les autres perfectionnements modernes, objets autrefois de leurs récriminations. Un partisan très décidé de la coopération, M. Ch.-M. Limousin, disait dans l'enquête de

1866 : « L'éducation sociale des Français, surtout des ouvriers, est complètement à faire. Ils ne savent ni discuter, ni apprécier les hommes et leurs actes. Ils passent, sans transition, d'une confiance aveugle à une défiance outrée, ils ne peuvent souffrir la contradiction. » Tout ce qui tend à les habituer à s'organiser, à s'entendre, à être responsables est désirable et mérite d'être recommandé. La coopération a justement cet avantage ; les sociétés de production notamment sont d'excellentes leçons de choses, peut-être est-ce, en définitive, leur principal avantage. Il est loin, d'ailleurs, d'être à dédaigner.

CHAPITRE II

COOPÉRATIVES POUR L'ACHAT ET LA VENTE EN COMMUN

L'idée coopérative peut prendre bien des formes, d'autant que le nom ayant un sens assez mal déterminé est entendu volontiers d'une manière large. Ainsi lorsque Schulze-Delitzsch commença à répandre en Allemagne les idées d'association ouvrière alors florissantes en France (c'était après 1848), il leur donna une application particulière à son pays et convenable à la situation des travailleurs.

L'Association ouvrière à Delitzsch. — L'Allemagne était alors un pays de petite industrie, mais les artisans travaillant à leur compte étaient dans une situation difficile : la grande industrie se développait et les effets de cette redoutable concurrence commençaient à se faire sentir. M. Schulze (qui plus tard devait ajouter à son nom celui de sa ville natale : Delitzsch) fut touché de la situation de ces hommes qui travaillaient de leurs mains, mais chez eux et pour eux et qui, par suite, ne pouvaient guère songer à s'associer pour travailler en ateliers comme faisaient les ouvriers en France. Associez-vous toujours, leur dit-il, non pour ériger un seul atelier de travail, mais pour acheter en commun les matières premières dont vous avez besoin ; vous les aurez à meilleur compte en les achetant en gros ou demi-gros et ainsi trouverez-vous une amélioration à votre situation.

Les cordonniers de Delitzsch firent ainsi une société pour acheter leurs cuirs en commun et aujourd'hui encore ces sortes de sociétés sont nombreuses en Allemagne. Celles qui figurent dans les statistiques sous le nom de Sociétés de production sont pour la plupart des Sociétés d'achat en commun.

Sociétés pour l'achat en commun. — Elles sont en France assez rares au moins parmi les travailleurs de l'industrie, il en est autrement dans le monde agricole, on le verra plus loin. Ce n'est point qu'elles ne puissent servir et servir d'une manière très efficace, nous avons, à Paris même, nombre de petits artisans qui font quantité de produits variés connus sous le nom d' « articles de Paris », nous en avons qui font des meubles, chacun d'eux exécutant habituellement toujours le même objet. Tous ont besoin de matières premières : bois, écailles, cornes, cuirs, carton, etc., qu'ils auraient avantage à acheter en gros ; ils y gagneraient à la fois sur la qualité et sur le prix. Pourtant il existe peu de ces sociétés. Quelques-unes avaient été érigées dans la période 1863-1869, surtout parmi les ébénistes du faubourg Saint-Antoine à Paris qui travaillent isolément et à leur compte ; elles ont eu peu de succès. Ces sortes de sociétés semblent particulièrement difficiles à établir.

Sociétés pour la vente en commun. — Elles n'ont pas mieux réussi que les précédentes, au moins dans notre pays et parmi la population urbaine. Et pourtant de telles sociétés rendraient de sérieux services. Combien de plaintes n'entend-on pas sur la difficulté qu'ont les petits artisans en chambre à écouler leurs produits? Ils travaillent pour des marchands, pour des commissionnaires, pour des courtiers et toujours ils se plaignent de gagner très peu. Il y a un écart excessif entre les prix de vente au public et ceux qu'ils reçoivent. Au lieu d'enrichir des intermédiaires, ne vaudrait-il pas mieux vendre directement au public, lequel aurait les choses à meilleur compte qu'aujourd'hui, le système assurant aux producteurs une rétribution supérieure à celle qu'ils reçoivent actuellement?

C'est l'idéal souvent cherché de la suppression désirable des intermédiaires, mais idéal fort difficile à atteindre, car il suppose toute une organisation commerciale, qui passe les forces et le temps aussi bien que les connaissances de ces petits producteurs. On a fait, vers 1865, plusieurs tentatives en ce sens, mais sans aboutir. Il eût fallu organiser des magasins de vente, avoir des gens du métier pour recevoir les marchandises et pour les vendre, c'est-à-dire avoir tout ce qu'ont les commerçants.

Tentative en 1865. — Un artisan en meubles du faubourg Saint-Antoine avait tenté d'organiser un magasin pour améliorer un peu la situation difficile de ses camarades qui travaillent isolément et puis, une fois qu'ils ont fait un meuble, doivent le vendre de suite parce qu'ils ont besoin d'argent et le vendent aux marchands qui spéculent sur leur détresse. Il avait rédigé ou plutôt fait rédiger les statuts d'une société où chaque associé pouvait déposer — à concurrence du local disponible — les meubles fabriqués par lui. Ils devaient être de bonne qualité (le gérant, très habile dans son métier, les examinait pour se prononcer sur la réception) et d'un prix à ne pas éloigner les acheteurs. Chaque meuble devait porter la marque de l'artisan et celle de la société qui garantissait le produit. Cette organisation était si bien conçue que le magasin eut pour premier client le greffier qui avait enregistré le dépôt des statuts.

Malheureusement les fonds manquaient. Celui qui avait pris l'initiative en avait peu, les sociétaires ses camarades, moins encore. Ceux-ci, de plus, trouvaient à l'institution un grand inconvénient; elle ne pouvait leur faire l'avance du prix des meubles déposés et ils avaient d'ordinaire un besoin d'argent immédiat. Bref l'établissement ne dura pas.

Ce qui montre la sérieuse difficulté de telles entreprises est que l'on trouve (dans l'industrie toujours) peu de tentatives et encore moins de succès alors qu'il y a eu, on l'a vu, de nombreux essais et un certain nombre suivi de bons succès dans les sociétés de production. C'est de ce côté surtout que se sont portés les efforts des ouvriers.

CHAPITRE III

LES COOPÉRATIVES DE CONSOMMATION

Nous venons de voir des associations formées entre ouvriers et encore entre ouvriers de même métier pour améliorer leur gain, nous allons voir des gens qui s'associent non pour gagner plus, mais pour dépenser moins. Ils se disent : en nous groupant pour acheter en gros ou demi-gros nous paierons moins cher et souvent aussi nous serons mieux servis. C'est ce qu'expriment nombre de statuts de coopératives de consommation qui portent : nous nous proposons en nous unissant d'acheter à meilleur compte des denrées de poids exact et de qualité sincère. Ainsi les coopératives de production sont créées pour le travail et pour vendre les produits ouvrés en commun, les coopératives de consommation ont pour but d'acheter ou de faire fabriquer des denrées qui seront réparties entre les associés, lesquels d'ailleurs peuvent appartenir aux plus différentes professions.

L'idée qui créa les sociétés de consommation est de celles qui se trouvent naturellement presque dans chaque ménage. Lorsque deux ou trois familles s'entendent pour acheter aux halles une manne de fruits dont on fera ensuite des conserves ou des confitures, après qu'on se sera réparti l'achat, elles font une société de consommation. Lorsque deux ou plusieurs voisins de campagne achètent en commun un wagon de houille dont ils se partageront le contenu, ils forment aussi une société de consommation. Seulement cette société est toute transitoire, étant bornée à une seule opération. Au lieu de cela, imaginez un groupe durable qui se propose d'acheter tous les jours des denrées de diverses sortes. Comme on est plus nombreux et comme surtout on espère le devenir, on rédige des règles écrites, soit des statuts et la société est formée.

§ 1. — Les précédents en France.

Les coopératives de consommation en 1848. — On ne doit pas s'étonner que des sociétés de ce genre aient été fondées en différents endroits et depuis longtemps, non en vertu d'un principe préconçu, mais par l'initiative de quelque homme de bien. C'est ainsi qu'on eut à Mulhouse une *caisse du pain* sur laquelle toutefois nous avons peu de détails, nous savons seulement qu'elle avait commencé en 1832, qu'elle était florissante en 1848; elle avait alors 1500 membres.

A Lyon, de nombreux ouvriers s'étaient groupés spontanément, par petites sociétés appelées les *castors* (il y avait encore des castors dans le Rhône et on les regardait comme l'emblème de l'épargne ingénieuse et bien conçue). Ils achetaient en commun des denrées alimentaires qu'ils se répartissaient au prix d'achat.

La révolution de 1848, en donnant aux ouvriers une hardiesse qu'ils n'avaient pas avant, où toute société ouvrière était suspecte et en répandant parmi eux l'idée d'association, encouragea ces essais assez timides. Les castors se multiplièrent, mais en ayant soin de ne faire que de petits groupes, afin de pouvoir eux-mêmes se répartir les denrées sans prendre aucun employé pour éviter ainsi les frais.

A Lille les sociétés de secours mutuels s'étaient groupées afin d'obtenir pour leurs membres une petite remise chez les boulangers de la ville, elles eurent l'idée de fonder une boucherie qui réussit grâce à la présence parmi eux d'un homme du métier, puis elles passèrent des marchés avec des épiciers, charcutiers etc., si bien que la société finit par avoir un grand nombre d'adhérents.

Les disciples de Fourier qui formaient à Valence un groupe assez fort, profitèrent de la liberté laissée aux promoteurs des associations pour fonder une société alimentaire, en projet déjà depuis plusieurs années, mais le projet n'avait pu venir à exécution avant 1848.

Voici comment un des membres, un ouvrier, expliquait ce qui l'avait attiré et retenu dans cette société, lui et ses camarades.

« Avant la fondation de la société, les denrées de consommation nous étaient livrées dans des conditions déplorables. La farine était souvent de mauvaise qualité ou falsifiée par des graines étrangères et d'un prix en disproportion avec celui du blé.

« Dans les boutiques d'épicerie, on nous donnait, à nous que l'on considérait comme de mauvaises pratiques, tout ce qu'on avait d'avarié ou de valeur inférieure, fréquemment à faux poids ainsi que nous avons été, dans beaucoup de circonstances, à même de le constater. Quant au vin, il était payé au litre deux fois plus cher qu'en pièces et bien peu d'entre nous avaient le privilège de pouvoir faire leur approvisionnement.

« Ajoutez à cela que la facilité d'obtenir un crédit était un appât auquel beaucoup ne savaient pas résister. Il en résultait que les recettes des journées de travail étaient souvent dissipées avec imprévoyance et que le poids de dettes permanentes, outre son effet démoralisateur, aboutissait dans beaucoup de cas, au trouble ou à la ruine des ménages.

« Les magasins ouverts, cet état de choses a été rapidement modifié. Plus de denrées frelatées, plus de faux poids et plus de crédit. Les ouvriers s'approvisionnent chez eux, avec des marchandises achetées pour eux, arrivent chercher, avec la paie de la semaine, leurs provisions journalières. La farine qu'on leur donne est la plus belle qu'ils aient jamais consommée, les diverses denrées d'épicerie sont de première qualité, la charcuterie est de bon aloi et les prix sont inférieurs à ce qu'ils étaient auparavant.

« Ces bienfaits sont incontestables et ont été appréciés par la clientèle bourgeoise qui venait se servir dans les magasins de la société. »

Cette société et celles de Lyon furent dissoutes par l'arrêté du maréchal Castellane et il semble que la société de Lille l'*Humanité* (c'était son nom) ait cessé, elle aussi, de fonctionner à la même époque. En tout cas il ne fut plus question en France après 1851 des coopératives de consommation, alors qu'en Angleterre elles prenaient un grand développement et obtenaient les plus heureux résultats.

Le mouvement de 1863. — C'est à cette date, on

l'a vu, que l'idée coopérative reprit faveur en France et en s'inspirant des exemples de l'étranger. Les hommes de 1848 ignoraient absolument ce qui s'était fait à l'étranger, les coopérateurs de 1863 ignoraient, ce qui semble étrange, ce qui s'était fait dans leur propre pays quinze ans avant, au moins ils l'ignoraient, pour la plupart, ou ne s'en souciaient nullement. La création de coopératives de consommation en 1863 et dans les années qui suivirent fut donc de leur part une véritable innovation. Ce qui la décida, ce fut et la très active campagne de conférences et de presse qui fut menée. on a vu comment et une circonstance spéciale : la liberté de la boulangerie qui fut proclamée alors.

Le gouvernement impérial avait abrogé les règlements qui entravaient le commerce de la boulangerie et en même temps il avait non pas supprimé la taxe du pain par les maires, laquelle était en usage depuis la révolution de 1789, mais recommandé aux maires (recommandation qui équivalait à un ordre) de ne plus taxer. Les boulangers, ceux surtout des petites localités, s'étaient empressés de profiter de cela pour élever le prix du pain en se concertant au préalable. Les consommateurs ainsi traités avaient, en un certain nombre d'endroits, pensé à résister, mais comment? La nouvelle institution coopérative leur fournit les moyens de le faire et c'est ainsi que des boulangeries coopératives furent érigées en différents points de la France, mais dans le sud-ouest principalement et le bon succès qu'elles eurent détermina d'autres fondations. Puis on créa des sociétés pour la fourniture d'autres denrées, épicerie notamment.

Économats. — Plusieurs patrons, soit patrons individuels, soit patrons collectifs, c'est-à-dire compagnies directrices, maisons d'industrie ou de transport, voulurent profiter du régime coopératif pour procurer à leur personnel une amélioration dans les conditions de l'existence matérielle et les institutions qu'ils érigèrent en ce sens prirent le nom assez peu logique, mais consacré par l'usage, d'*Économats*. Il faut remarquer en quoi ces institutions ont la forme coopérative : c'est qu'elles sont dirigées par des ouvriers qui administrent et gèrent l'affaire, les patrons ne faisant que les aider de leurs conseils et leur fournir soit un local, soit certaines facilités de transports et de crédit, très appréciables assurément, mais qui sont accessoires et ne sont pas le fond ni le principal élément de succès de l'institution.

L'un des principaux exemples que l'on puisse citer en ce sens est l'économat fondé à Paris par la compagnie du chemin de fer d'Orléans dans l'intérêt de son personnel, et due à l'initiative d'un homme de bien, M. Augustin Cochin, l'un des administrateurs de cette compagnie. La compagnie fournissait le local servant de magasin et transportait gratis les denrées sur son réseau; elle fit encore, au moins au début, des avances de fonds à la coopérative. Or les économies procurées à ses membres par cette société s'élevaient à 45 % sur le bois (ce qui veut dire que la coopérative vendait à ses membres le bois à brûler 45 % de moins que les détaillants), 43 % sur le charbon de terre, 64 % sur le charbon de bois, 75 % sur les fagots, 56 % sur les pommes de terre, 62 % sur le vinaigre, 66 % sur le salé, 100 % sur les harengs saurs, 115 % sur le sel, 127 % sur le jambon fumé et 33 % sur le vin. On vendait peu de vin, d'ailleurs, seulement M. Cochin, qui donnait les chiffres que l'on vient de lire, ajoutait un détail peu édifiant : la société a dû faire fabriquer des litres, ceux que l'on trouve dans le commerce ne contenant jamais un litre.

Les sociétés de consommation ne furent pas atteintes par la chute du *Crédit au travail* qui arrêta le mouvement des sociétés de production, ou si quelques-unes périclitèrent, l'ensemble n'en souffrit pas et le mouvement au total ne cessa de se développer.

§ 2. — La situation actuelle en France.

Les chiffres encore incomplets, mais les plus exacts que l'on ait sur les coopératives de consommation, se trouvent dans l'*Almanach de la coopération française pour 1903*, publié par le *Comité central de l'union coopérative des sociétés françaises de consommation*, 1, rue Christine, à Paris.

Le nombre des sociétés recensées est de 1761 en 1902, alors qu'il n'était que de 938 dix ans avant, en 1892.

La répartition entre les départements est très inégale : le mieux partagé est la Charente-Inférieure qui en a 156 (des boulangeries surtout), ensuite viennent : le Nord avec 138, le Rhône et la Saône-et-Loire qui en ont respectivement 100 et 103. Par contre, d'autres départements n'en ont que trois ou quatre. La Haute-Garonne, département important et qui possède une grande ville : Toulouse, n'en a qu'une seule. Il y a même deux départements, la Corse et l'Ariège, qui n'en ont pas du tout. Paris a 66 de ces sociétés et le reste du département de la Seine en a 60.

Il serait intéressant de connaître le nombre des membres de ces sociétés et le chiffre d'affaires qu'elles font; mais ce sont renseignements fort difficiles à obtenir et que même souvent les sociétés n'aiment pas à donner, surtout le second. Nous n'avons donc dans l'*Almanach de la coopération* que des chiffres partiels [1] et par suite aucun total.

La société la plus nombreuse parmi celles dont on indique les membres, est une coopérative parisienne : l'*Association des employés civils de l'État, de la ville et du département de la Seine* qui compte 18.000 membres, mais les sociétés ayant plus de 1.000 membres sont rares; la moyenne est de 150 à 200, quelques sociétés tombent même à des effectifs absolument minimes; on en trouve qui accusent 8 et même 3 membres; il est évident que ce sont des embryons de sociétés qui sont mises sur le tableau pour faire nombre.

Le chiffre d'affaires n'est pas moins variable. L'Association des fonctionnaires civils accuse six millions, quelques autres sociétés parisiennes accusent trois millions, mais les millions sont rares et à côté on trouve des chiffres modestes de 10.000 francs et même moins. Encore faut-il remarquer que la très grande majorité des sociétés n'a pas indiqué son chiffre d'affaires.

Aucun renseignement sur les bénéfices. On connaît ceux de quelques sociétés qui donnent à leurs bilans une assez grande publicité, ce sont ou des sociétés importantes ou des sociétés prospères. Le tableau

1. Une publication officielle, le *Bulletin de l'Office du travail* rédigé par le ministère du commerce, donne, d'après les renseignements fournis par les préfets, le chiffre de 1641 sociétés de consommation au 31 juillet 1903.

Sur le chiffre des membres que comptent les sociétés de consommation, on a fait des évaluations qui vont de 250.000 à 450.000, mais sans qu'aucune de ces estimations soit fondée sur quelques données précises.

dressé par l'*Almanach* est muet sur cet article.

Les chiffres connus, ceux qui viennent d'être mis sous les yeux des lecteurs, n'en montrent pas moins l'importance du mouvement, bien supérieur à celui des coopératives de production qui sont arrivées après soixante-dix ans au résultat minime que l'on sait et encore grâce aux faveurs officielles que les coopératives de consommation ont le mérite d'ignorer à l'exception d'une seule faveur fiscale : elles sont dispensées de l'impôt de 4 % qui grève les bénéfices des sociétés ordinaires.

Les coopératives de consommation, d'ailleurs, ne sont pas toutes du même type et il ne faut pas, si l'on en voit une, s'imaginer que toutes lui ressemblent.

Confusion à éviter. — On considère parfois comme étant une société coopérative le fait d'un groupe de personnes qui s'entendent avec des fournisseurs pour obtenir un rabais sur leurs prix. C'est ce que font souvent par exemple les membres des sociétés de secours mutuels. Non seulement ils traitent ainsi avec des pharmaciens pour les besoins de leur société, ce qui est tout indiqué, mais ils s'adressent à un boulanger, à d'autres fournisseurs qui, pour accroître leur clientèle, consentent une diminution sur les prix courants en faveur des membres de la société. Des syndicats, des groupes de diverses sortes font de même, et on donne volontiers à ces groupements le nom de coopératives. Le terme est impropre : la coopération a pour but d'éviter les intermédiaires; on ne les évite pas si l'on traite avec eux, on s'expose même et ce n'est pas sans exemple, à payer sur la qualité ce que l'on croit économiser sur le prix. Alors même, ce qui arrive souvent, que cette organisation est avantageuse à ceux qui la font, elle n'est pas cependant une coopérative. Une coopérative véritable est l'association formée pour acheter en gros ou demi-gros des objets destinés à la consommation et les répartir entre les membres.

Les coopératives modestes. — Ce sont celles dont les « castors » lyonnais sont le meilleur exemple. Les membres de la société qui, en fait, sont des ouvriers ou tout au plus des employés de commerce, décident qu'ils achèteront des denrées alimentaires et se les répartiront eux-mêmes : pas de boutiques, pas de frais d'employés; une comptabilité très simple et c'est tout. Naturellement il faut un local, mais ce sera la seule dépense ; alors on loue un magasin situé souvent au fond d'une cour ou dans une impasse, enfin dans un endroit peu recherché, pour payer moins cher, et le soir, à une heure convenue, chaque membre à tour de rôle tient le magasin, aidé au besoin par quelques camarades, c'est-à-dire qu'il fait les ventes et encaisse l'argent, de la sorte les frais sont réduits au *minimum*. C'est ainsi qu'ont commencé en France et à l'étranger nombre de coopératives et en particulier la société anglaise des Pionniers de Rochdale souvent citée et proposée comme modèle.

Lorsque le succès arrive, la société se décide ordinairement, à prendre des employés et à avoir un magasin ouvert tout le jour; c'est ce qu'ont fait notamment les *Pionniers* dont la petite société est devenue une immense entreprise commerciale. Ce n'est point toutefois ce que font toutes les coopératives. Ainsi les castors lyonnais avaient pour principe de ne jamais dépasser pour un même groupe le chiffre de 200 membres. Lorsque ce chiffre était atteint à cause des admissions, ils se dédoublaient : ils voulaient pouvoir gérer eux-mêmes la société et n'avoir besoin d'aucun auxiliaire.

« Il faut voir, écrivait le journal la *Coopération*, en parlant d'une société parisienne de ce genre, il faut voir aux heures où la vente est ouverte tous ceux qui sont de corvée se remuer et se démener pour remplir la tâche dévolue à chacun. Tous travaillent comme s'ils ne venaient pas de passer dix ou douze heures à l'atelier. Les uns transformés en garçons épiciers, s'acquittant parfaitement de leur mission; d'autres en sommeliers; celui-ci rinçant les bouteilles, celui-là ne faisant que descendre à la cave, et en remonter; les paniers voltigeant de mains en mains; les pièces de vin vidées comme par enchantement, remontant au hangar et immédiatement remplacées par d'autres qui ne pèsent rien à descendre, ni à ranger tellement chacun prête la main et emprunte au dévouement l'intelligence d'un métier auquel il a été toute sa vie étranger.

« Chacun est fier d'aller plus vite que l'autre et de faire mieux encore. Les deux heures pendant lesquelles se fait la livraison des approvisionnements sont bien vite passées au milieu de la gaieté et de l'entrain qui règnent dans cette ruche d'abeilles et tous s'étonnent d'entendre sonner dix heures qui terminent la corvée. »

Sociétés luxueuses. — A côté de ces coopératives aux allures simples et sans éclat, il y en a d'autres qui, de parti pris et de propos arrêté, cherchent le luxe dès le début, comme un moyen d'attirer. C'est ce qu'a fait notamment en 1866 une société qui a eu son heure de célébrité, l'*Universelle* de Valence. Ses fondateurs (deux jeunes gens très hardis) pensaient qu'il valait mieux faire les choses en grand et avec éclat. Ils avaient établi à la fois trois magasins coopératifs à Grenoble, Aix et Valence, tous installés avec luxe. Ils expliquaient eux-mêmes la raison qui les avait décidés. « A Grenoble nous avons commencé modestement et sans luxe, le public n'est pas venu; on a dédaigneusement dit : Ce n'est que ça! Nous avons établi un second magasin avec glaces, etc., le nombre des consommateurs est immédiatement monté à plus de mille. Est-ce concluant?

« En ce bas monde l'homme est ainsi fait; il ne remarque pas l'établissement modeste, il est attiré par ce qui brille. »

Ce procédé est aussi celui de nombreuses coopératives anglaises qui groupent les fonctionnaires et qui ont de luxueux magasins à la porte desquels stationnent sans cesse de beaux équipages. Les élégantes dames qu'ils ont amenées y font leurs achats, tandis que les valets de pied attendent à la porte sur des banquettes de velours.

Nos sociétés françaises ne font point d'ordinaire ces grands étalages; elles présentent l'aspect de magasins qui ne comptent point sur leur luxe extérieur pour attirer la clientèle.

La Ruche orléanaise. — Faut-il donner un exemple sensible de la manière dont se constituent et se développent les sociétés de consommation? Voici la monographie de l'une d'elles rapportée par une revue bi-mensuelle, le *Sillon* (10 mai 1903).

Cette société fut fondée en octobre 1900 par les ouvriers formant le groupe catholique d'études sociales d'Orléans. Ils avaient cherché dans leurs réunions le moyen d'améliorer leur sort et ne voyant pas comment ils pourraient accroître leurs salaires ils avaient pensé à diminuer leurs dépenses et pour cela à ériger une coopérative. Ils louent un local et pour commencer achètent quelques sacs de pommes de terre. « D'abord elles ne se vendirent pas et l'on craignait qu'elles restassent pour compte. Mais quand on eut apprécié leur qualité et leur bon marché, elles s'enlevèrent comme le bon pain et les demandes furent supérieures aux offres. »

On rédigea alors des statuts définitifs et 80 membres souscrivent une ou plusieurs actions de 25 francs. On se mit à vendre l'épicerie, les légumes secs, les combustibles (bois et charbons) en s'attachant surtout à donner de bonne qualité. Les bénéfices devaient aller : 15 % au fonds de réserve, 25 % au capital et 60 % aux consommateurs au prorata de leurs achats, mais une partie était retenue pour libérer les actions souscrites (les membres seuls de la société pouvaient être acheteurs).

De juillet au 31 décembre 1901 on fit 3.500 francs de ventes et le bénéfice fut, malgré les dépenses d'installation, de 495 francs — c'était très encourageant — dont 297 francs attribués aux consommateurs.

En 1902 on avait 113 membres et on fit 10.000 francs d'affaires, le bénéfice pourtant ne s'éleva qu'à 380 francs. C'est qu'on avait pris un gérant (un des membres de la société) auquel on donnait 150 francs par mois et un livreur qui avait coûté 400 francs. Ces deux dépenses étaient nécessaires et la conséquence du développement pris par la société. Avant, toutes les fonctions étaient gratuites, mais ce n'était plus possible avec l'accroissement des ventes.

Les organisateurs de la société faisaient remarquer que 113 coopérateurs était un petit chiffre pour une ville comme Orléans qui a 70.000 habitants et que le commerce local n'en pouvait même prendre aucun ombrage.

Nous avons donné cet exemple parce qu'il représente assez bien la situation moyenne.

Sociétés vendant ou non au dehors. — En principe une coopérative est fondée pour la seule utilité de ses membres, et ne fait affaire qu'avec eux, on en voit cependant qui admettent le public dans leurs magasins, c'est ce que faisait notamment l'*Universelle* de Valence. Pourquoi cette dérogation au principe et en quoi une telle société est-elle coopérative?

Elle est coopérative en ce que la maison qu'elle a érigée l'a été par un groupe d'acheteurs agissant ainsi dans leur intérêt commun et non par un négociant qui poursuit son seul bénéfice à lui. Il est vrai que ces acheteurs associés peuvent, vis-à-vis du public, jouer le rôle de marchands et ils le font parfois, ils ont deux motifs pour le faire. D'abord en vendant au public ils augmentent leurs gains et leurs frais généraux restant sensiblement les mêmes (la seule différence en plus est la patente à payer, mais on la regagne bien) ils font un bénéfice au total. Ensuite, et cette raison est considérable, admettre le public est faciliter le recrutement de la société. On fait connaître ainsi son existence à des tiers qui l'ignoraient, parfois même on attribue à des acheteurs non associés une part dans les bénéfices, mais qui ne leur est point remise en espèces, elle est capitalisée à leur nom afin de leur former une action qui en fera des sociétaires s'ils veulent seulement demander à être admis.

Ce que l'on peut craindre en cas pareil, est ce qui s'est vu en Angleterre plusieurs fois : une coopérative admettant le public dans ses magasins, mais sans lui faire aucun avantage. Les affaires prospèrent et on a alors un magasin appartenant à des actionnaires nombreux et propriétaires de parts assez faibles, mais touchant de beaux dividendes et ne se souciant pas de les partager avec de nouveaux admis.

Ce que font ces sociétés est assurément licite, seulement ce n'est plus de la coopération et c'est sans droit qu'elles se prévalent en France de leur titre de coopératives pour échapper à l'impôt de 4 % qui frappent les profits des sociétés [1].

Comment fixer les prix de vente? — Il y a pour les coopératives deux manières d'établir ces prix : ou elles vendent à prix de revient, c'est-à-dire donnent les denrées pour ce qu'elles leur ont coûté, ou elles vendent au prix courant, soit au prix des débitants.

Le premier système n'est applicable qu'aux sociétés vendant à leurs seuls membres et encore ne peut-on l'appliquer avec une rigueur absolue. Il est impossible, en effet, au moment où un objet est cédé, de savoir son prix exact; il faut tenir compte des frais généraux, des pertes possibles qui surviendront au cours de l'exercice, etc. Il convient donc de majorer le prix de l'objet d'un tant pour cent et il est prudent de fixer la majoration à un taux plutôt élevé, afin de ne pas être au-dessous de ses affaires.

Ceci dit, il faut constater que la vente (ou plus exactement la livraison) à prix coûtant ou de revient qui est l'habitude en Angleterre, présente un grand avantage, c'est d'être de suite appréciée des membres. En France les boulangeries, dans les campagnes surtout, vendent ainsi, pourquoi? C'est que les paysans, membres de ces coopératives, se sont décidés avec peine — les premiers au moins — et seulement parce

1. On peut voir par là, soit dit en passant, l'inconvénient des faveurs et des dérogations au droit commun que l'on est maintenant trop disposé à prodiguer et à prodiguer parfois à raison du nom seulement.

qu'on les a bien assurés qu'ils trouveraient dans ces sociétés un avantage certain, immédiat. Ils sentent cet avantage si leur pain diminue dès que la société fonctionne; ils la tiennent alors pour très utile, ils s'y attachent, ils reconnaissent que la dépense qu'ils ont faite en y entrant n'a pas été inutile. Il en sera tout autrement si, après avoir exigé d'eux un versement, on leur vend au prix du commerce en ajoutant qu'ils ont droit à des bénéfices éventuels pouvant survenir à la fin de l'année. Ils ne comprendront pas et se croiront trompés.

La vente au prix courant est au contraire habituelle dans les coopératives urbaines qui vendent surtout de l'épicerie et il y a deux avantages à cela. Le premier est qu'on risque moins d'avoir des pertes que si l'on prétendait fixer de suite le prix de revient; c'est seulement en fin d'année qu'on peut savoir positivement s'il y a ou non bénéfices. L'autre motif est qu'on excite moins ainsi l'hostilité des petits détaillants et cette raison mérite qu'on la considère. Il y a, en effet, dans les villes de nombreux marchands en détail, souvent femmes d'ouvriers et de contremaîtres qui essaient, avec un petit commerce, d'augmenter le revenu du ménage et pour qui les coopératives sont de redoutables concurrents. Or la concurrence est bien plus apparente et plus sensible si l'on vend au-dessous du prix courant. On a donc soin, pour éviter de provoquer une trop grande hostilité, de vendre au prix habituel.

C'est, bien entendu, le seul procédé possible lorsque les tiers sont admis dans les magasins de la société.

Les coopératives sont instituées pour procurer à leurs membres des denrées de bonne qualité et à des prix modérés, mais encore quelles denrées; que faut-il comprendre dans ce mot?

Il a été indiqué que les premières sociétés créées ont été des boulangeries et elles sont encore nombreuses. C'est qu'en effet, le pain est le premier et le plus nécessaire des aliments, celui qui tient la première place dans un budget ouvrier, surtout dans celui de l'ouvrier rural.

Boulangeries. — Ce qui fait ériger des boulangeries, c'est ou bien le trop haut prix demandé par les boulangers ou quelque circonstance comme celle qui était relatée dans les *Annales du musée social,* janvier 1903 (p. 11). Une coutume très ancienne dans la Somme et Seine-et-Oise faisait que les cultivateurs portaient leur blé chez les boulangers qui donnaient pour 100 kil. de blé, 80 kil. de pain ou même 100 kil. de pain pour 120 kil. de blé. A la demande des minotiers les boulangers s'étaient avisés — après s'être entendus entre eux — de refuser cet arrangement toujours admis jusque-là. Les cultivateurs, c'est-à-dire dans les campagnes la masse des consommateurs, se soulevèrent (au moral seulement) et organisèrent des coopératives pour échapper aux exigences des boulangers.

Un autre motif encore rend facile la création de ces boulangeries, c'est que dans un milieu rural ou de petites villes la fabrication du pain apparaît comme une industrie très simple, pratiquée encore dans beaucoup de ménages, et qui l'a jadis été dans tous; il est donc facile d'organiser une boulangerie. Il faut louer un four ou en faire construire un, ce qui demande alors une avance de fonds, ensuite on engage un ou deux garçons boulangers et l'argent rentre vite, la coopérative ayant la très bonne habitude de faire payer les achats comptant.

Les échecs sont très rares parmi les boulangeries coopératives et la plupart d'entre elles procurent à leurs membres de sérieux avantages, ainsi l'une des premières fondées, celle de La Flotte (Ile de Ré), avait été établie pour résister à la coalition des boulangers qui avaient profité de l'abolition de la taxe pour hausser le prix du pain. Les initiateurs de la société voulaient au moins maintenir l'ancien prix; ils obtinrent beaucoup mieux; ils purent livrer le pain à 29 centimes le kilog. au-dessous de l'ancienne taxe. On pourrait citer de nombreuses boulangeries qui ont donné à leurs sociétaires le pain avec une diminution de 20 à 25 % sur le prix courant. De plus, et ceci veut être remarqué, l'institution ne profite pas seulement aux membres de la société, elle se fait sentir au dehors parce que la présence d'une coopérative a toujours pour effet d'exercer une influence salutaire et de déterminer les détaillants à baisser leur prix, si bien que même les non-membres de la Société profitent de sa présence et en tirent avantage.

Les boucheries. — On ne peut en dire ce qui vient d'être dit pour les boulangeries; elles sont très difficiles à établir. Tandis que pétrir et cuire du pain est chose assez simple et qui jadis était pratiquée par bien des particuliers, la boucherie a toujours été un métier à part et assez difficile. Lorsque la taxe sur la viande fut abolie par le second empire comme l'avait été celle du pain, on crut d'abord que l'on allait voir surgir de nombreuses boucheries coopératives; il n'en fut rien. Quelques essais eurent lieu, mais sans aboutir. Voici du reste le très curieux récit d'une tentative faite en ce sens par un homme qui était financier de profession, mais qui avait l'esprit ouvert aux innovations économiques, M. Cernuschi, que les hommes de ce temps ont bien connu. Ce récit a été écrit par lui-même et a été publié dans une petite brochure qui fut très lue et très discutée alors : *L'illusion coopérative*, car M. Cernuschi avait conclu du mauvais succès de sa tentative par une condamnation prononcée contre la coopération elle-même et non contre la seule partie dont il s'était occupé.

« C'était en novembre 1858, la liberté de la boucherie venait d'être établie depuis peu. J'avais présentes à l'esprit les expériences faites à Rochdale, à Grenoble et ailleurs par les sociétés alimentaires, je connaissais les attaques dirigées contre le commerce de la boucherie. Il avait été souvent question dans la presse des trois fameux quartiers et des bénéfices énormes qu'ils produisaient aux bouchers et je me dis : j'ouvrirai des boucheries dans Paris et je vendrai au prix des autres bouchers, seulement tous les mois, je publierai volontairement mon bilan et je distribuerai la moitié des bénéfices réalisés dans le mois à toutes les personnes qui auront acheté de la viande chez moi et ce, au marc le franc de la dépense faite par chaque acheteur. »

M. Cernuschi se met à l'œuvre avec ardeur; il achète chevaux, voitures, matériel et s'adjoint un homme compétent, ancien inspecteur des halles et marchés.

« En trois mois, je fus prêt; le 6 mars 1859, j'ouvris trois étaux : l'un rue du Jour, 3, en face l'église Saint-Eustache, l'autre 72, rue Saint-Louis au Marais, le troisième dans le quartier Mouffetard, 9, rue Contrescarpe Saint-Marcel.

« On lut mes affiches et la foule des acheteurs fut considérable. Au bout d'un mois, mon bilan imprimé et affiché accusa 45.445 factures de viande vendue par les trois étaux pour 99.236 francs. C'était un centième de la consommation de Paris et tout par le détail.

J'avais imaginé des factures sur lesquelles la somme dépensée par chaque acheteur était marquée d'une manière infalsifiable; une personne qui ne savait ni lire, ni écrire, pouvait facilement se rendre compte de ce qui lui revenait.

« Bref les dépenses faites comprenant les frais généraux et 8.477 francs d'octroi s'élevaient à 135.573 francs, les recettes à 140.391 francs. Restait net un bénéfice de 4.818 francs, à partager entre l'entrepreneur et les acheteurs de viande; c'était pour ces derniers un tantième de 2 1/2 sur les 99.236 francs dépensés par eux. (Le reste des recettes provenait de la vente des suifs, cuirs, et abats dont il était tenu compte dans la répartition.)

« Tous vinrent toucher avec empressement, mais aussi avec dédain, le bénéfice leur paraissant petit. Notez que cette répartition ne se fit pas sans entraîner des embarras, des frais, des pertes de temps. Il me fallut même me procurer, et avec peine, des centimes afin de ne pas donner des sous comme appoints.

« Je commençai à me recueillir.

« D'abord je dus prendre une mesure relativement aux répartitions de bénéfices, en effet les frais qu'elles entraînaient étaient considérables.

« Je résolus que les bilans et les répartitions ne seraient plus que trimestriels. Le deuxième compte rendu eut lieu fin juin. Ce deuxième bilan me donna une perte de 6.515 francs. Il est vrai que la mauvaise saison arrivait. La boucherie gagne en hiver mais ses affaires sont mauvaises en été. Au troisième bilan, arrêté en septembre, nouvelle perte de 2.325 francs. »

M. Cernuschi continua encore deux ans son entreprise et il liquida la troisième année avec une perte de 100.000 francs.

« J'ajoute, dit-il, que je n'aurais point perdu cette somme si je n'avais fait que de la boucherie ordinaire. Le passif est principalement dû à l'enquête elle-même, aux frais d'administration, de contrôle, de publicité et à la liquidation quand même que je fis de mon entreprise pour m'occuper ailleurs. D'ailleurs le métier de boucher n'est pas facile. Je connais de près les grandes opérations de banque, je calcule les intérêts, les amortissements, les annuités, les tirages, je sais faire un emprunt d'État; eh bien! je déclare qu'il faut autant de capacité, de prudence, d'esprit de combinaison, de savoir-vivre pour être boucher, que pour faire un grand financier. »

Le fait est ancien, mais plus récemment au congrès de Grenoble (1893) le gérant d'une boucherie coopérative de Nîmes énumérait les difficultés de toutes sortes que rencontre cette sorte d'établissement. « Il n'y a pas de commerce où l'on trouve plus de malhonnêteté que dans le commerce de la boucherie. La tromperie dans la vente est considérée comme un art par les professionnels. Pour eux, le meilleur garçon est celui qui trompe le mieux le client sans qu'il s'en aperçoive. » De plus, il y a entre les bouchers une solidarité comme on n'en trouve en nulle autre profession et qui fait que tous s'entendent contre un rival comme est une société coopérative.

Les coopérateurs qui veulent se mêler d'une industrie pour eux si nouvelle, doivent prendre pour guide un ancien boucher, celui-ci les trompera certainement au profit de ses anciens confrères. « Au début, ajoutait-il, nous avions engagé à Lyon quatre garçons bouchers; de suite, ils furent gagnés par ceux de Nîmes, et en trois semaines, ils nous firent perdre plus de douze mille francs. Ils sortaient de la viande la nuit, ils la jetaient dans les égouts, etc. »

La société a fini cependant par réussir après des expériences très coûteuses; elle vend naturellement au public qui forme le plus fort de sa clientèle.

Un curieux exemple de succès d'une boucherie coopérative — et pour cela il mérite d'être noté — est donné par l'*Économiste français* du 13 mars 1897. Il s'agit du compte rendu des opérations pendant le premier semestre de 1896, de la société fondée entre les ouvriers et employés de l'usine Solway, à Dombasle (Meurthe-et-Moselle). Cette société possède à la fois une boulangerie et une boucherie, or la boucherie a abattu 704 têtes de bétail représentant une somme de 120.743 francs et fait un bénéfice de 12,61 %. La société date de quelques années seulement.

On peut citer quelques exemples encore des boucheries qui ont réussi, mais ils ne sont pas nombreux; on n'en peut citer aucun à Paris où la boucherie se pratique d'une manière spéciale : la plupart des bouchers ne tuant pas eux-mêmes, mais achetant la viande toute préparée et ne remplissant que le rôle de débitants et revendeurs au détail; il en est tout autrement en province.

L'utilité des boucheries coopératives n'est cependant pas niable, non seulement pour procurer aux consommateurs des prix plus modérés, mais surtout pour leur donner ce qui manque plus souvent : la qualité [1].

1. C'est ainsi que l'administration militaire a organisé dans certaines villes de l'Est (VIe corps d'armée), malgré des récriminations et des résistances de toutes sortes, des boucheries pour échapper aux exactions et aux indélicatesses des fournisseurs civils. Plusieurs de ces boucheries, celle de Toul en particulier, ont donné de bons résultats.

Il y a là un côté de l'institution coopérative qui mérite d'attirer l'attention.

Les autres articles de vente. — Ce sont d'abord l'épicerie, qui comprend le commerce des liquides, très important objet dans les grandes villes, et ensuite les combustibles qui, dans les grands centres, sont toujours achetés par petite quantité, les consommateurs manquant à la fois d'argent pour acheter par quantités un peu fortes et surtout de place pour remiser des objets encombrants tels que : bois à brûler, charbon de terre, sacs de pommes de terre, etc. On y joint volontiers non pas de suite, mais après quelque temps, la vente d'étoffes courantes et de vêtements confectionnés, surtout vêtements de travail.

Le commerce de l'épicerie est moins difficile assurément et moins aléatoire que celui de la boucherie, parce que la marchandise n'est point sujette à se gâter aussi promptement, mais comme tout ce qui est commerce il veut des connaissances spéciales et c'est ce qui fait que les coopératives ont à leurs débuts bien des écoles à faire et assez coûteuses parfois. Il nous souvient d'une coopérative parisienne dont la première opération fut l'achat d'une forte quantité de beurre salé, mais qui se trouva être de si mauvaise qualité qu'il fallut renoncer à la vendre ; grosse perte pour la société, découragement des membres, bref, dissolution de la société. Le délégué du conseil d'administration, auteur de cet achat, était un honnête homme et zélé pour la coopération, qui avait accepté par dévouement une charge en soi assez lourde, mais il manquait absolument des connaissances techniques nécessaires, à quoi le bon vouloir ne supplée pas.

Il faut remarquer à ce propos que les coopératives de consommation sont plus aisées à établir et surtout à faire durer dans les petits endroits que dans les grandes villes et il y en a plusieurs raisons. D'abord les habitants des petites localités sont d'ordinaire renseignés sur la tenue du ménage et sur tout ce qui s'y rattache, ils savent acheter alors que les ouvriers urbains, employés d'administration ou autres coopérateurs des villes sont assez ignorants de ces choses, ensuite on a plus de loisir dans les petits endroits, souvent même on trouvera pour s'occuper de la conduite de l'affaire des gens sans profession qui en feront leur occupation principale, s'y intéresseront et y mettront leur amour-propre, faisant du bon ou du mauvais succès de l'entreprise leur affaire personnelle. C'est ainsi qu'au début la plupart des sociétés de consommation fondées à Paris échouèrent, tandis que dans les petites villes ou villages, elles réussissaient au contraire. Ajoutons toutefois que ces sociétés de vente de denrées exotiques, même d'étoffes, etc. ne se fondent guère que dans les villes ou lorsqu'il se trouve une agglomération ouvrière assez importante. Il est bien rare que, dans un village ou dans une très petite ville, il se trouve autre chose qu'une boulangerie.

§ 3. — Comment se fondent les coopératives de consommation.

Toujours par l'initiative de quelques hommes zélés qui font de la propagande autour d'eux et qui ayant réuni un petit groupe commencent, afin d'avoir la meilleure des attractions ; une société qui existe et qui fonctionne. L'exemple de sociétés voisines qui réussissent et donnent des résultats est encore un très bon argument. En dehors de cela ce peut être une circonstance particulière comme la coalition des détaillants qui, haussant les prix tout à coup, décide les consommateurs à se liguer et à s'organiser pour la résistance.

Les personnes. — A la différence des coopératives de production qui se recrutent parmi les hommes d'un même métier, celles de consommation peuvent comprendre, et, en fait, comprennent souvent des gens de tous états. Il n'est pas nécessaire qu'ils se connaissent et s'entendent aussi bien que dans les sociétés de production où tous les membres travaillent ensemble. Les sociétaires dans les coopératives de consommation (à moins qu'ils ne tiennent ensemble le magasin comme on a vu) ne se voient que dans les assemblées générales, c'est-à-dire rarement et il suffit que la concorde y règne; condition indispensable toutefois, on ne doit pas l'oublier.

Le capital. — Il en faut peu d'ordinaire : le loyer d'avance (presque toujours exigé) du magasin, la construction d'un four s'il s'agit d'une boulangerie et qu'on n'ait pu en trouver à louer, le paiement immédiat des premières fournitures achetées si les représentants de la société n'inspirent pas assez de confiance et c'est tout. Il n'y a pas à prévoir, comme dans les sociétés de production, un fonds de roulement représentant les salaires payables à la semaine ou à la quinzaine alors que les produits livrés ne sont payés qu'à 60, 90 jours, plus même s'il s'agit de construction par exemple. Les seuls salaires sont ceux de quelques employés ou des ouvriers boulangers et on peut compter sur des rentrées d'argent journalières puisque les marchandises sont débitées au comptant. Comment encore est fourni ce capital?

Les sociétaires de Rochdale — la société type, la

société modèle — étaient en débutant au nombre de 28, tous ouvriers tisserands. Ils convinrent de verser chacun 2 pences ou 0,20 cent. par semaine et comme l'engagement pris fut exactement tenu par tous les membres et qu'il n'y eut pas de défection, ils purent, au bout d'un an, louer un très petit magasin et acheter en demi-gros les premières marchandises. C'est ainsi que l'on procède d'ordinaire. Les ouvriers font de petits versements hebdomadaires, ou bien versent de suite 5 francs, 10 francs. Les sociétaires un peu plus à l'aise souscrivent des parts de 50 à 100 francs et en versent de suite le quart ou même seulement le dixième. La question de capital est moins difficile que pour les sociétés de production.

La forme légale. — Les sociétés de consommation peuvent choisir entre la forme civile et la commerciale, à condition, bien entendu, de ne pas vendre au public, car alors elles sont commerciales forcément.

L'avantage qu'il y a dans la forme civile est qu'on n'a aucun frais de constitution, sinon le papier timbré sur lequel sont écrits les statuts. Au contraire, dans une société anonyme (même à capital variable, il n'y a aucune différence) il faut compter environ 80 francs pour le dépôt au greffe et l'insertion dans un journal d'annonces légales, plus le dépôt et la déclaration chez le notaire, qui représentent un chiffre indéterminé; certaines sociétés ont dû verser des émoluments de 500 francs et plus, alors que d'autres notaires se contentaient, par bienveillance, de réclamer leurs frais matériels. Ajoutez que les frais forcés, ceux de dépôt au greffe et de publication dans un journal sont exigés, non seulement lors de la fondation des sociétés, mais pendant leur durée, toutes les fois qu'il se produit un changement dans les statuts ou dans le nom de ceux qui ont qualité pour représenter la société. Cela ne laisse pas que d'être assez onéreux; on évite ces frais, comme aussi l'impôt annuel de la patente, en prenant la forme civile; c'est celle aussi d'un assez grand nombre de sociétés.

Comment alors se trouve-t-il des sociétés qui préfèrent la forme commerciale, alors qu'elle comporte des frais assez grands? Il y a d'abord, comme on a vu, celles qui reçoivent le public dans leurs magasins, puis les autres préfèrent souvent la forme anonyme à cause de la responsabilité limitée qu'elle assure. Les sociétaires ne sont, en aucun cas, responsables que du montant de leur souscription. Au contraire, dans la société civile, les sociétaires sont responsables pour leur part virile de toutes les obligations sociales. Cela veut dire que si, par exemple, la société doit 50.000 francs et qu'il y ait cent sociétaires, chacun d'eux devra 500 francs.

On peut d'abord être tenté de dire : mais quelles dettes un peu fortes une société ne faisant affaire qu'avec ses membres peut-elle bien contracter? Il est assuré qu'avec ses fournisseurs elle n'aura jamais de bien grosses obligations, mais elle peut en avoir autrement; par exemple un incendie commencé chez elle se communique aux maisons voisines; elle peut se trouver de ce chef chargée d'une responsabilité énorme, ou bien c'est un accident causé par sa voiture, ou arrivé à l'un de ses employés. Ce sont là choses rares qui ne se sont point jusqu'ici présentées à ma connaissance; elles sont possibles cependant et font comprendre que les sociétaires soient disposés à consentir certaines dépenses pour limiter leur responsabilité éventuelle.

Une loi spéciale est-elle désirable? — La loi spéciale proposée au Parlement et votée par la Chambre concernait les coopératives de consommation aussi bien que celles de production et leur accordait divers avantages, les uns de l'ordre civil, les autres de l'ordre pécuniaire. Les membres de ces sociétés sont assez disposés à réclamer ces privilèges, ils ont tort non seulement au point de vue de la justice absolue, mais dans leur intérêt, ceci a été expliqué, et les coopératives de consommation ont bien plus d'ennemis que celles de production. Ces dernières n'en ont guère, à vrai dire, tandis que les sociétés de consommation ont contre elles les détaillants dont le nombre est grand et qui, en certains endroits, se sentent sérieusement atteints.

Il a été parlé plus haut de la société fondée sur l'initiative de M. Augustin Cochin parmi les employés du chemin de fer d'Orléans; les détaillants du XIIe arrondissement de Paris, où est situé le siège social de cette société, firent un procès à la compagnie en disant: vous n'avez pas le droit d'employer une partie de vos locaux et même de vos ressources à commanditer une société d'achat de denrées; vous sortez de votre rôle etc. La compagnie gagna son procès, mais l'hostilité des détaillants se retrouve dans nombre d'occasions. Elle s'est manifestée à la Chambre et au Sénat où divers membres du Parlement — notamment M. Georges Berry à la Chambre — ont vivement pris à partie les coopératives afin de se faire bien venir de leurs électeurs, au moins des détaillants qui forment une partie influente de ces électeurs. Elle se retrouve dans les journaux que publient divers syndicats de l'alimentation et qui saisissent toutes les occasions pour attaquer les coopératives. En présence de ces dispositions, les coopérateurs devraient bien se garder de réclamer une situation privilégiée, c'est-à-dire une situation exceptionnelle, puisqu'une exception, si elle leur sert, peut aussi se retourner contre eux.

La patente. — Actuellement les sociétés qui ne vendent pas aux étrangers n'ont pas à payer patente puisque cet impôt — d'ailleurs assez lourd — ne frappe que les profits présumés du commerce et que les associés qui se vendent à eux-mêmes ne sont pas des commerçants. Mais voici que l'on demande que la patente soit étendue même aux coopératives ne vendant qu'à leurs membres; la raison qu'on en donne est que le trésor public a besoin d'argent, qu'il doit en chercher là où il en peut trouver et que les coopératives ne prospèrent qu'en nuisant au petit commerce et en diminuant, par suite, le nombre et la richesse des patentés. Il faut reconnaître que la patente est un impôt des plus arbitraires, qui frappe certaines professions et en épargne certaines autres sans qu'on en puisse donner une valable raison. Étendre la patente aux coopératives ne serait pas faire autre chose que ce qui a été fait plusieurs fois déjà lorsque, sans autre motif que le désir d'augmenter les ressources du trésor, on a étendu le nombre des patentés. Les coopérateurs, s'ils étaient sages, ne devraient pas, en réclamant des privilèges, c'est-à-dire des mesures en elles-mêmes fort injustes, préparer pareille éventualité.

§ 4. — Comment fonctionnent les coopératives de consommation.

Le service courant est assuré par le gérant ou par les délégués du conseil d'administration. Les sociétaires réunis périodiquement en assemblée générale examinent leurs actes et les maintiennent ou les remplacent. Ce fonctionnement a déjà été décrit.

Rien à dire non plus de spécial sur l'utilité qu'il y a pour une société à bien choisir ses chefs. Au début c'est l'un des membres qui remplit ces fonctions et elles sont faciles : quelques achats en demi-gros, une comptabilité très élémentaire et la surveillance de la vente des denrées faite le soir par les membres. Et puis, peu à peu, les membres se multiplient, les acheteurs deviennent plus nombreux, il faut ouvrir tout le jour; un directeur bénévole, occupé par sa profession, ne suffit plus, il faut avec des employés payés un directeur payé qui ne fasse autre chose, on en a vu un exemple, dans le fait de la *Ruche orléanaise* dont l'histoire a été rapportée plus haut.

Le gérant. — Ce gérant ou directeur est, au début, presque toujours un membre de la société, un ouvrier d'ordinaire, qui abandonne son travail habituel pour prendre celui-là, mais lorsque la société prend de grandes proportions, on a tout avantage à mettre à sa tête un commerçant de profession qui coûtera davantage, mais qui fera gagner à la société plus que la dépense qu'elle fera ainsi. « Un bon gérant ne saurait se payer trop cher », disait dans un congrès coopératif anglais le grand négociant qui le présidait. Et ce qu'il disait était juste, très juste, il ne faut pas craindre d'insister là-dessus parce que les coopérateurs n'en sont pas convaincus. Ils entendent sans cesse crier contre les gros traitements et ils ne peuvent comprendre qu'il est plus avantageux de payer 15.000 francs un administrateur qui fera gagner 100.000 francs à la société que de payer 1.500 francs un homme qui lui en fera gagner seulement 10.000 et même le double. Mais on a de la peine à faire comprendre cela aux ouvriers.

Concours des associés. — Les associés, de leur côté,

ne montrent pas toujours à remplir leur devoir l'empressement qu'on devrait attendre de gens comprenant bien leur intérêt personnel. Les assemblées générales sont souvent peu suivies; on est assez content de profiter des avantages que procure la société et moins empressé de payer de sa personne. Ceci se remarque surtout dans les associations nombreuses, dans les petites on se connaît mieux, on a plus d'ardeur, l'amour-propre est bien plus stimulé, chacun se croit nécessaire; dans les grandes, au contraire, chacun croit pouvoir s'effacer. « Il y a quelques jours, disait dans un congrès un délégué ouvrier, un membre d'une commission de contrôle d'une société de consommation déclarait en ma présence : Notre société compte un millier d'adhérents. Eh bien, nous ne sommes que cinq ou six pour nous occuper sérieusement de l'affaire. Depuis longtemps nous cherchons des successeurs sans pouvoir les trouver et c'est notre amour-propre de fondateurs qui nous porte à conserver un poste que nous abandonnerions volontiers pour prendre quelque repos. »

Et non seulement la masse des sociétaires néglige trop souvent la gestion de la société et déserte les assemblées, mais elle oublie de venir acheter au magasin de la société. Voilà qui est fait pour surprendre : le magasin social n'est point leur œuvre seulement, il est tout dans leur intérêt : la qualité est assurée, les prix sont moindres, soit qu'on achète de suite à un prix au-dessous du courant, soit qu'on retrouve la différence sous forme de dividende et il est peu logique après avoir dépensé pour ériger un magasin de n'en pas user. Mais c'est un fait. On a pu constater, dans les chiffres donnés au sujet de la *Ruche orléanaise,* que 113 membres n'avaient acheté que pour 10.000 francs, c'est moins de 100 francs par membre, c'est-à-dire par famille. Il n'est pas possible qu'une famille d'ouvriers de la ville dépense moins de 100 francs par an en épicerie, légumes secs, boissons, combustibles. La société orléanaise est modeste et récente, mais la plus puissante des coopératives parisiennes, la *Moissonneuse*, qui a compté plus de 10.000 membres, qui est ancienne et florissante, donnait lieu aux mêmes plaintes. Le conseil d'administration était obligé d'adresser aux membres, en assemblée générale, de pressantes objurgations : « Permettez-nous de vous adresser le plus chaleureux appel ; ne désertez plus nos magasins pour aller vous servir chez des commerçants qui vous exploitent et se grandissent à vos dépens. »

Pourquoi le magasin coopératif est-il déserté par des gens qui ont tout intérêt à s'y rendre, intérêt moral, intérêt matériel? Ceci est surtout imputable aux femmes, puisque c'est elles surtout, sinon elles uniquement qui font les achats. Elles ont en général leurs habitudes avec lesquelles elles n'aiment pas rompre, d'autant que les boutiques des fournisseurs chez lesquels elles vont sont des lieux de causeries où l'on se raconte les nouvelles du quartier, plaisir auquel les femmes du peuple ne renoncent pas volontiers. S'il s'agit d'un ménage aisé, car les coopératives se recrutent dans toutes les classes de la société, on rencontrera l'hostilité des domestiques, les coopératives ne donnant pas le sou pour livre.

Pas de crédit. — Les coopératives ont l'invariable habitude de vendre comptant [1] et ceci leur est nuisible

1. Parfois elles vendent contre des jetons, mais achetés à l'avance. Ce système est surtout en vigueur dans les coopératives belges, il en sera parlé plus loin.

dans le monde ouvrier où l'on achète beaucoup à crédit. On ne sait pas combien cette habitude d'acheter à crédit est funeste aux gens du peuple. Non seulement elle les pousse à la dépense parce qu'on est plus porté à acheter lorsqu'on ne débourse rien de suite, mais le ménage qui est engagé chez un détaillant devient un client forcé qui ne peut discuter les prix ni la qualité. Les fournisseurs le savent bien et c'est ce qui les engage à se montrer faciles malgré les risques qu'ils courent et à offrir eux-mêmes le crédit. Le crédit est cause que nombre de ménages sont endettés à perpétuité et ne connaissent qu'un moyen de se libérer, c'est de quitter la localité à l'insu de leurs créanciers.

Il est vrai que le crédit sert aux ouvriers en certaines occasions, dans les temps de chômage, de maladies, en supposant bien entendu que les ménages qui en usent soient sans économies. C'est même cette considération qui a conduit certaines coopératives à accorder du crédit à leurs membres dans quelques rares occasions. Ce n'est pas à recommander ; le crédit est bien plutôt nuisible, or si on l'accorde à quelques-uns on verra se multiplier les demandes, c'est une porte qu'on doit craindre d'ouvrir parce que trop de membres s'y précipiteront et la suppression du crédit est justement l'un des avantages que procurent les coopératives.

Voici un fait qui montre ce que peuvent faire en ce sens des coopératives. Un homme de bien, mort il y a quelques années, M. Alexandre Gibon, lorsqu'il prit la direction des forges de Commentry, trouva tous les ménages ouvriers endettés chez les fournisseurs. Ces malheureux étaient, par suite, à la merci des détaillants dont ils étaient les clients forcés, ne pouvant discuter ni le prix, ni la qualité des marchandises qui leur étaient fournies : de plus, la moitié au moins avaient leurs salaires saisis. Tout espoir d'épargne leur était interdit ; ils n'y songeaient même pas.

Le nouveau directeur installa, malgré les récriminations et les obstacles, une société de consommation et lorsqu'il prit sa retraite, la situation était entièrement changée. Les ménages ouvriers n'avaient plus de dettes, ils achetaient au comptant des denrées de bonne qualité et, les ayant à moindre prix, ils pouvaient faire des épargnes et ils en faisaient en effet. Tout dans leur extérieur, dans leur conduite, dans leurs habitudes était changé.

Les succursales. — Les grandes maisons de commerce, au moins commerce de denrées, ont de nombreuses succursales, les coopératives doivent-elles imiter cet exemple? Il est bien entendu qu'elles ne le font pas dès le début, mais ont-elles avantage à se répandre au dehors ou à se limiter à un seul magasin dont on accroîtra les proportions ?

La plupart des coopératives françaises sont trop modestes pour songer même à établir des succursales ; quelques-unes cependant l'ont fait, la *Moissonneuse* par exemple, et avec un succès inégal, s'étant toujours trouvé qu'une partie des succursales donnait de la perte. Il semble que les coopératives feront mieux de ne point trop s'étendre, elles semblent sortir par là de leur objet et de leur rôle.

Livraisons à domicile. — C'est un point tout secondaire, mais qui a l'importance qu'ont les détails ; les coopératives doivent-elles livrer à domicile? Pour les petites sociétés et à leur début, la question ne se pose pas, le service des ventes étant fait par les associés eux-mêmes. Mais dès que la vente s'étend, il faut y venir, la petite *Ruche orléanaise* dès sa seconde année dépensait pour faire ses livraisons la somme de 400 francs pour un chiffre d'affaires de 10.000 francs. Il y a, en effet, des coutumes locales que l'on ne peut songer à modifier parce que souvent elles ont leur raison d'être. Ainsi on ne peut guère éviter de livrer à domicile des denrées encombrantes comme le chauffage ; c'est souvent aussi une habitude de livrer le pain tous les matins. Lorsque la clientèle est aisée et qu'elle est dispersée, elle exige la livraison à domicile; parfois il serait impossible de faire autrement. C'est ainsi que la société civile des employés de l'État et de la ville de Paris a de grandes voitures qui circulent sans cesse; il serait impossible aux sociétaires d'aller eux-mêmes de toutes les parties de la ville aux magasins de la société.

Répartition des bénéfices. — Si la société a été bien gérée, si les sociétaires sont venus acheter au magasin, le bilan de fin d'année doit, sauf exceptions très malheureuses, donner un bénéfice; quel emploi recevra-t-il?

Dans les sociétés commerciales on doit, de par la loi, en employer une partie pour constituer une réserve — la loi, d'ailleurs, n'a pris aucune précaution pour que la réserve ainsi constituée fût placée de manière à mériter son titre et à jouer le rôle qu'on en doit attendre — le reste va, en principe, aux sociétaires, mais suivant quelle répartition? Ceci est variable : certaines sociétés donnent tout au capital, d'autres et c'est le plus grand nombre donnent au capital une part soit fixe, 4 ou 5 pour cent des sommes versées, soit proportionnelle, 10, 20 % du bénéfice réparti en proportion du capital versé, et puis elles attribuent le reste aux acheteurs au prorata de leurs acquisitions.

Pour justifier l'attribution aux acheteurs on fait remarquer que sans eux il n'y aurait aucun bénéfice, il faut donc pousser aux achats. A quoi on répond, dans l'intérêt des membres porteurs de part, que les acheteurs ont profité de la qualité des denrées, souvent même du prix, tandis que le capital a été l'instrument initial de l'opération et a couru les risques, les bénéfices doivent donc lui revenir. En fait les deux qualités d'acheteur et de membre de la société se confondent d'ordinaire.

Mais ce qui fait l'acuité du débat est cette question : doit-on réserver une portion du bénéfice pour doter des œuvres sociales, des œuvres d'utilité générale?

En 1848, presque toutes les associations ouvrières d'alors avaient écrit dans leurs statuts qu'une portion des profits serait employée à développer l'instruction des sociétaires. Instruire le peuple était un but que l'on se proposait volontiers; aujourd'hui l'État ayant pris la chose à sa charge, c'est-à-dire ayant érigé de ce côté toute une organisation dont nous payons les frais, d'ailleurs très lourds, on ne songe plus à l'instruction, on se tourne plutôt vers les institutions de prévoyance qui ont la vogue et l'on a déjà signalé à propos des sociétés de production quelques tentatives faites pour constituer des caisses de secours ou de retraites; il faut bien reconnaître qu'elles ont été rares et peu suivies. De ce côté on en est encore aux aspirations théoriques.

Les sociétés d'achat en commun. — Les sociétés achètent à meilleur compte que les particuliers parce qu'elles achètent de plus grandes quantités, évitant ainsi les frais que prélèvent les intermédiaires, et plus les quantités achetées seront importantes et plus aussi, on le conçoit, les conditions d'achat seront avantageuses, il est donc naturel que les sociétés s'unissent pour acheter. Ainsi dans les Ardennes vingt boulangeries se sont fédérées pour acheter leur farine. Elles s'adressent à sept ou huit minotiers, provoquent des offres accompagnées d'échantillon et se décident.

La qualité des farines s'étant parfois trouvée défectueuse malgré les précautions prises, la fédération a songé à établir un moulin et vient de se mettre en rapport avec la boulangerie coopérative de Roubaix, l'une des plus importantes, qui a établi un moulin à son compte et cette société affirme qu'avec une mouture assurée de douze cents sacs par mois, un moulin doit forcément donner des bénéfices.

C'est là une fédération très partielle, car ces vingt boulangeries ne semblent pas, à elles toutes, avoir plus d'importance que la seule société de Roubaix, mais des tentatives ont été faites pour relier entre elles l'ensemble des coopératives françaises de consommation; c'est ce que se propose le *Comité central de l'Union coopérative des sociétés françaises de consommation*, dont le siège est à Paris, 1, rue Christine, et son complément l'*Office coopératif des renseignements commerciaux* qui a le même siège social, mais un but distinct.

L'*Union des coopératives de consommation* admet dans son sein toutes les coopératives de Paris et de province pourvu qu'elles ne vendent pas au public. Ces coopératives nomment un conseil qui forme le *Comité central*.

Il a pour mission de faire partout de la propagande en faveur du mouvement coopératif, afin de multiplier les sociétés, et auprès des sociétés pour les décider à s'unir entre elles. C'est lui qui organise les congrès coopératifs qui se tiennent à des époques indéterminées. « Il dresse des statistiques, recueille tous les documents coopératifs et tient les sociétés adhérentes au courant de tout ce qui peut les intéresser. Il doit répondre à toutes les questions qui lui sont posées par les sociétés adhérentes. » Le tout autant que le lui permettent ses ressources malheureusement minimes, étant composées seulement des cotisations payées par un certain nombre de sociétés.

L'*Office coopératif de renseignements commerciaux* date de 1900 alors que le *Comité central* est de 1885. Il a pour but d'acheter en gros pour le compte des sociétés adhérentes; son objet est donc commercial, tandis que le *Comité central* aurait plutôt un but moral.

Les résultats sont jusqu'ici modestes. Une centaine de sociétés adhérentes, un chiffre d'affaires qui en 1901-1902 a été seulement de 300.000 fr. Le seul bénéfice de l'*Office* est une commission de 1 % sur les affaires traitées.

Le *Comité central* a pour organe une petite feuille : l'*Association coopérative*, dont la publicité est fort restreinte.

La *Fédération des sociétés coopératives P. L. M.* est une fédération partielle ayant à sa tête l'un des vice-présidents du *Comité central*, M. Chiousse, et qui groupe de 50 à 60 coopératives, toutes fondées entre employés de la Compagnie du chemin de fer P. L. M. ou de la Compagnie de l'Est, pour les achats en commun. Il faut ajouter que cette Fédération a été créée avant l'*Office coopératif* qui poursuit le même but.

Relations avec les sociétés de production. — Les sociétés de production et de consommation, s'inspirant d'un même sentiment, devraient se prêter un appui mutuel et, pour être pratiques, se favoriser de leurs commandes réciproques. Mais il faut reconnaître que cet idéal est assez difficile à atteindre, même pour des gens bien disposés. Ce que veulent les sociétés de consommation, ce sont des denrées alimentaires, or les coopératives de production fabriquent des produits dits « manufacturés », par exemple l'une des plus florissantes sociétés de production fait des lunettes, objet que les coopératives de consommation ne peuvent tenir, on ne voit même pas de societés de production qui fabriquent des étoffes ni des vêtements en confection, seuls articles que vendent quelques coopératives de consommation. Ces dernières sociétés ont toutefois des bâtiments à faire aménager et parfois même à faire construire; elles bâtissent même assez volontiers, afin d'avoir leurs locaux à elles et supposant que la valeur du terrain et des édifices dans les villes ne peut aller qu'en croissant. Elles pourraient, ou du moins plusieurs d'entre elles pourraient s'adresser aux sociétés de production qui travaillent dans le bâtiment : elles ne se montrent pas soucieuses de le faire et, en général, malgré les vœux de divers congrès, les rapports sont bien rares entre coopératives de production et de consommation.

§ — 5. L'École de Nîmes.

On nomme ainsi un groupe d'hommes dont le professeur Ch. Gide est le plus brillant représentant et qui a eu sur le mouvement coopératif, depuis environ vingt ans, une très sensible influence. Il a pour organe une feuille mensuelle qui se publie à Nîmes, l'*Émancipation*.

M. Ch. Gide est disciple du communiste Fourier et il rêve une sorte d'organisation de la vie en commun dont les coopératives de consommation ne sont que le commencement et pour ainsi dire le premier échelon. Ces sociétés groupent des hommes qui se sont unis pour acheter en commun, ne pourraient-ils pas aussi faire leur cuisine en commun, loger en commun? C'est ce qu'avait essayé Godin (de Guise), disciple, lui aussi, de Fourier, en construisant son *Familistère*.

De plus, les consommateurs unis ou isolés achètent à des producteurs qui s'efforcent de tirer le plus qu'ils peuvent de ce qu'ils ont à vendre, c'est l'inverse qui devrait se voir; ce sont les consommateurs qui devraient fixer les prix, les producteurs ne devraient être que leurs salariés admis seulement à toucher une part dans les bénéfices.

« Qu'est-ce que le consommateur? — disait M. Ch. Gide, dans son discours d'ouverture du congrès coopératif de 1889. — Rien! — Que doit-il être? — Tout! L'ordre social actuel est organisé en vue de la production, et nullement en vue de la consommation, ou si vous aimez mieux, en vue du gain individuel et nullement en vue des besoins sociaux... Du jour où les sociétés coopératives (comprenant des personnes de toutes les classes) seraient en mesure d'acheter tout le montant de la production annuelle de la France, il est évident qu'elles seraient ainsi maîtresses non seulement du commerce, mais de toutes les industries productives. Par là l'organisation économique actuelle sera totalement changée. Au lieu d'être totalement réglée, comme elle l'est, en vue du producteur et des profits individuels, elle sera réglée désormais en vue du consommateur et des besoins sociaux. La pyramide qui était posée sur la pointe et qui donnait un équilibre instable, sera retournée sens dessus dessous, ce qui donnera un équilibre stable. La production, au lieu d'être maîtresse du marché, redeviendra ce qu'elle n'aurait jamais dû cesser d'être : servante obéissant docilement aux ordres de la consommation. »

Voilà qui est fort beau sans doute en théorie; est-ce bien pratique? M. Gide parle du moment où les sociétés coopératives seront en mesure d'acheter tout le montant de la production annuelle de la France, quand arrivera ce moment? et arrivera-t-il jamais? Nous en sommes assurément bien loin; nous n'avons pas dans notre pays un coopérateur sur 30 personnes, peut-être pas un sur 50 et combien peu d'entre eux ont consenti à se fédérer? L'Angleterre, qui est le pays où ces sortes de coopératives ont le mieux réussi, compte environ 1 coopérateur sur 16 personnes (Irlande non comprise). Comme ces coopérateurs sont des chefs de famille, cela peut faire le cinquième ou le quart des habitants profitant de l'institution coopérative. C'est un beau chiffre, mais ce n'est pas la majorité et ceux-là encore ne sont fédérés qu'en partie, or il faudrait la presque unanimité et parfaitement unie. Les progrès, de plus, sont lents depuis déjà quelques années; ils ne sont pas en Angleterre dans une proportion plus forte que l'accroissement de la population. Les Anglais sont donc loin du jour où leurs coopératives pourront régler la production; nous en sommes encore plus loin, on n'imagine pas qu'il soit possible d'en fixer la date.

On ne voit même pas comment une organisation centrale unique pourrait pour la France entière régler les prix. Si la fédération des consommateurs pouvait dire aux producteurs : nous ne prendrons vos produits qu'à un prix de ... et comme nous sommes seuls acheteurs vous êtes bien forcés de nous vendre, qui empêcherait ces producteurs de se fédérer de leur côté (ils sont moins nombreux et plus unis; cela leur serait donc plus facile) et de dire aux consommateurs : vous ne pouvez vous adresser qu'à nous pour ce qui est nécessaire à la vie, vous êtes donc forcés, si vous voulez vivre, d'accepter nos prix ? Cela ne se passe pas ainsi actuellement, parce que la dispersion des consommateurs et des producteurs, qui forment tout au plus de petits groupes de part et d'autre, établit une sorte de concurrence qui ne permet guère aux prix de s'élever trop haut ni de tomber trop bas, il en serait autrement s'il n'y avait plus que deux forces et comme deux monopoles en présence. Le projet de M. Gide n'est donc pas souhaitable et on doit se féliciter qu'il ne soit pas pratique. Nos sociétés coopératives nous rendent le service de mitiger, si elles ne les suppriment, les abus résultant de la présence des intermédiaires; c'est un heureux résultat et dont il est sage de se contenter.

§ 6. — Les Coopératives de consommation à l'étranger.

A. — GRANDE-BRETAGNE

Il serait plus exact de dire : Angleterre et Écosse, car l'Irlande joue un rôle très effacé en matière de coopération. Quoi qu'il en soit, nous abordons le pays par excellence des coopératives de consommation, celui où leur succès est le plus grand, où nous trouvons les plus gros chiffres et les plus étonnants résultats. De plus, nous avons ici des données précises. D'une part l'*Union coopérative*, fédération privée, de l'autre le *Labour Department*, bureau officiel, font d'exactes enquêtes sur la situation et trouvent auprès des sociétés anglaises des renseignements que notre *Comité central* non plus que notre *Office du travail* (qui remplace à certains égards le *Labour Department*) ne peuvent obtenir des coopératives françaises.

Voici donc, d'après le rapport très détaillé publié par l'*Union coopérative* lors du congrès de Doncaster — 35me congrès annuel des coopératives anglaises — tenu en juin de cette année 1903, quelle serait la situation au 31 décembre 1902. (Chaque année un rapport pareil est publié au moment du congrès.) La Grande-Bretagne comptait : 1.476 sociétés de consommation ayant ensemble 1.893.000 membres, en augmentation de 100.000 sur le chiffre de l'année précédente. Si l'on veut considérer que ces dix-neuf cent mille coopérateurs sont pour la plupart des chefs de famille, on ne trouvera pas exagéré de dire que la coopération anglaise profite à huit ou dix millions de personnes au moins. Le capital de ces sociétés s'élève à 579.190.000 francs sans compter les dépôts d'argent faits par les membres et qui dépassent 88 millions et demi de francs. Le chiffre annuel des affaires avait été de 1.382.981.000 francs et les bonis net de 217.068.000 francs.

Ne sont comprises dans ces chiffres que les sociétés dites du *type de Rochdale*, c'est-à-dire analogues à celles que nous avons décrites en parlant de la France. Elles sont seulement plus florissantes.

Restent en dehors toute une série de sociétés celles dites du type *civil service* qui comptent plus de 91.000 membres, mais ne sont pas de vraies coopératives à l'estime des Anglais et que pour ce motif ils n'admettent pas dans leurs congrès et ne font pas figurer dans leurs statistiques de la coopération.

Le *civil service.* — Ce type est représenté par quelques grandes sociétés existant à Londres ou dans plusieurs villes importantes, elles se nomment : *civil service, supply association, army and navy* etc.

Ces sociétés ont de vastes magasins installés avec luxe et comparables comme importance à nos grands magasins de nouveautés parisiens. Leur clientèle se compose de personnes aisées et même riches.

Elles vendent au-dessous du prix courant, mais ne sont ouvertes qu'aux associés, lesquels se comptent par milliers et aussi aux adhérents ou non-associés admis dans le magasin moyennant un faible droit d'entrée une fois payé. D'après M. Ludlow, l'un des hommes les plus compétents sur la question, il est arrivé plusieurs fois que les adhérents venant en nombre, attirés par les faibles prix et aussi par les autres avantages de ces magasins : grand choix, bonne qualité, compagnie choisie, les sociétaires, assurés d'une clientèle, ont peu à peu relevé les prix, si bien que la société au lieu d'être une coopérative, n'était plus qu'une société anonyme ordinaire donnant des dividendes élevés.

Type de Rochdale. — Pour en revenir aux coopératives véritables, ce qui nous frappe d'abord, nous autres Français, c'est la prospérité éclatante et ce sont les grandes proportions de ces sociétés. L'une d'elles, celle de Leeds, a près de 50.000 membres avec 37.750.000 fr. d'affaires et on en compte sept dépassant le chiffre de 20.000 membres que n'atteint aucune société française. C'est que, suivant la juste remarque d'un coopérateur français très compétent, M. Cernesson (*Revue populaire d'économie sociale* de juillet 1903) les Anglais s'efforcent de concentrer leurs efforts tandis qu'en France nous semblons prendre plaisir à les disperser. Plus une société est étendue et plus il lui est facile d'acheter à bon compte et d'économiser sur les frais généraux; on conçoit que les sociétés anglaises cherchent à s'accroître et à grouper tous les coopérateurs d'une même localité, si bien que d'une année à l'autre on voit augmenter le chiffre des coopérateurs et très peu celui des sociétés. A l'inverse il y a 19 à 20 coopératives de consommation au Creusot.

Il ne faudrait pas croire, d'ailleurs, que ces coopératives anglaises, dont nous admirons les grandes proportions, aient été telles dès le début; elles ont souvent eu des commencements modestes. Prenons par exemple la société de Rochdale, la première de toutes, modèle et exemple des autres, fondée en 1844 par vingt-huit ouvriers tisserands qui louèrent un pauvre magasin dans l'endroit le moins apparent de la ville, la *Toad lane* ou ruelle du crapaud, et l'ouvrirent le soir pour y faire eux-mêmes et à tour de rôle la revente des produits achetés en demi-gros. « Aujourd'hui, écrit dans son *Histoire de la coopération* un vétéran de la doctrine coopérative en Angleterre, M. Holyoacke, aujourd'hui le petit magasin de *Toad lane* s'est ramifié en quatorze ou quinze locaux spéciaux. (Actuellement (1903) il y en a 74.) Les bénéfices distribués depuis l'origine ne s'élèvent pas à moins de 45 millions de francs. Chacun de ces magasins est dix fois plus beau que le magasin primitif et il y a longtemps que celui-ci a été remplacé par un immense dépôt central dont il faut une heure pour parcourir les diverses pièces, qui occupe le plus beau site de la ville, qui est situé dans un énorme édifice dominant à la fois l'hôtel de ville et l'église paroissiale. On y trouve une grande bibliothèque, des télescopes, des microscopes; des écoles et des cours scientifiques y sont annexés.

« L'association a des biens répandus dans toute la ville et telle ou telle rue de celle-ci ne se compose que de maisons bâties par les seuls coopérateurs. »

Ce n'est point là un fait unique, citons, par exemple, la société d'Oldham, fondée six ans après celle de Rochdale en décembre 1850. Pendant les trois premières années, elle n'eut qu'un magasin ouvert le soir de sept à neuf heures et le samedi de cinq à six heures (les ateliers en Angleterre ferment plus tôt le samedi) où le service était fait par les membres de la société et puis la prospérité arriva.

« Le local que nous occupions alors nous coûtait 750 francs par an, l'avis unanime était que pour 7.500 francs, on pouvait avoir à soi un bâtiment bien préférable, l'on calculait que la rente du terrain et l'intérêt du capital consacrés à la construction de la maison ne dépasseraient pas 600 francs par an. Le nouveau *store* (magasin) n'était pas à moitié construit que déjà les ventes hebdomadaires s'élevaient à 2.250 francs. Dès la première semaine de l'ouverture du nouveau magasin, elles atteignirent 3.000 francs, le dividende du trimestre s'éleva à 1 fr. 85 centimes par livre sterling (près de 30 % par an).

« Ceci se passait en l'année 1856. Les affaires s'élevèrent bientôt à 5.000 francs par semaine et il fallut élargir le magasin. Enfin, un an après l'ouverture du *store* que nous avions fait bâtir, l'argent continuant à affluer, nous en fîmes bâtir un second à environ un mille du *store* central. L'ouverture de ce dernier fut célébrée par un thé.

« Dès la première semaine, les ventes montèrent à 1.250 francs. L'argent affluait toujours; nous louâmes une autre boutique à trois quarts de mille de là et y fîmes aussitôt pour 1.500 francs d'affaires. En tout, nous faisions pour 10.000 francs d'affaires par semaine. Nos *stores* étaient ouverts tous les jours de huit heures du matin à neuf heures du soir. L'argent et les affaires augmentant toujours, l'association joignit à son commerce celui de la mercerie, établit une boucherie sociétaire, employa des tailleurs, des cordonniers, des sabotiers. L'association avait à peine sept ans d'existence et le cri était encore et toujours : nous avons trop d'argent et nos établissements sont trop petits.

« Alors se produisit parmi nous la grande agitation en faveur de l'érection d'un édifice central, édifice que nous avons fait construire et qui a été ouvert en 1861. Le bâtiment sur le frontispice duquel est sculpté son nom *Cooperative Hall*, a vingt mètres de large sur vingt-six de long et outre les magasins, les ateliers, les bureaux, la salle des journaux, la bibliothèque, il contient une salle pour les assemblées générales, les cours publics, les soirées etc., salle ornée de galeries, et où 1.500 personnes peuvent s'asseoir commodément. »

La prospérité n'a fait depuis que s'accroître et l'an dernier 1902, les *bonis* distribués depuis 1870 dépassaient 26 millions de francs, ce qui ne fait guère moins de un million par an.

Les *Wholesales*. — Ce sont des groupes qui ont pour membres non pas des individus isolés, mais des sociétés. De même que les particuliers achètent à de meilleures conditions en formant des sociétés, ainsi les sociétés obtiennent des conditions encore meilleures en se groupant pour faire leurs achats en commun. Il y a actuellement deux *Wholesales*, celle de Manchester fondée en 1864 qui réunit les coopératives anglaises et celle de Glasgow érigée en 1868 qui groupe les sociétés écossaises.

D'après une feuille anglaise *the Labor gazette* (le journal du travail) de mars 1.903, la *Wholesale* anglaise groupe 1106 sociétés ayant ensemble 1.392.000 membres. Son capital s'élevait à 87 millions et demi et son chiffre d'affaires à 460 millions. La *Wholesale* écossaise réunit 284 sociétés ayant 281.000 membres. Son capital s'élève à 53 millions, elle avait fait l'an dernier 151 millions et demi d'affaires[1]. Le chiffre des bonis n'est pas indiqué, les *Wholesales* ne se proposant nullement de faire des bénéfices, mais seulement de procurer à leurs adhérentes le moyen d'acheter à meilleur compte[2].

« Il est difficile, disait dans une conférence au *Musée social* M. Dufourmantelle (3 février 1903), de concevoir quelque chose de plus grandiosement énorme que la *Wholesale* de Manchester, quand on ne l'a pas visitée. Pour se rendre compte de la puissance de cette institution, il faut pénétrer dans ces massives constructions, hautes de quatre et cinq étages, aux murs de briques rouges noircies de fumée qui s'alignent au long de plusieurs rues.

« Il faut parcourir ses divers services, celui de la navigation, celui de la comptabilité, sa banque, dont le mouvement des fonds en recettes et en dépenses

1. Le *Bulletin de l'Office du travail*, publication de notre ministère du commerce, donne dans son numéro de décembre 1902 des chiffres très différents, mais qui ne semblent pas mériter confiance. Il n'en indique pas la source. D'autre part une notice publiée dans l'*Almanach coopératif* de 1903 et écrite par un Anglais attribuait à la *Wholesale* de Glasgow un capital de 43.750.000 francs (action et argent prêté). On voit par là combien il est difficile, même en puisant à des sources anglaises, d'avoir des chiffres exacts.

2. La *Wholesale* de Glasgow aurait cependant, d'après l'*Almanach coopératif* de 1903, distribué, depuis sa fondation, près de 57 millions de francs.

atteint presque deux milliards de francs, et surtout l'interminable suite de ses magasins regorgeant de stocks énormes sans cesse renouvelés ; la section des chaussures, par exemple, en a toujours 300.000 paires en magasin.

« Pour s'adresser aux sources mêmes de la production, elle a des acheteurs qui se rendent dans les contrées les plus diverses du monde, elle a des acheteurs pour modes qui se rendent à Londres et à Paris dans certaines saisons, d'autres font à l'automne, en Grèce, les achats de fruits secs ; elle a des agents à New-York et à Montréal pour les fromages, le lard, la farine, à Sydney pour le beurre, le blé, les cuirs, au Canada pour les mêmes objets, en Danemark pour le beurre, les œufs et le lard ; la France lui fournit le sucre, le beurre, les œufs et les articles de fantaisie, la Hollande le riz, le cacao, les fromages, la margarine, la Suède le beurre, les œufs et les caisses d'emballage, l'Espagne les oranges et les citrons.

« Enfin, pour économiser, dans la mesure du possible, les frais de transport de ces marchandises, la *Wholesale* s'est fait armateur et possède une flotte de cinq navires qui relient Manchester au continent par Hambourg, Calais et Rouen. Ses importations de l'étranger représentent une somme annuelle de 127 millions de francs. »

En même temps, et pour les produits tirés de l'Angleterre, elle se faisait fabricant. « La *Wholesale* et diverses de ses sociétés affiliées se sont associées pour acheter ou construire des fabriques de biscuits à Crumpsall, de confitures et de conserves à Middleton, de chaussures à Leicester, de savons à Irlam, de vêtements à Leeds, d'ébénisterie à Broughton, de tabacs et d'autres encore, en même temps qu'elles exploitaient une huilerie à Sydney et cultivaient des tomates sur le domaine de Roden.

« Les produits sortis de ces usines représentent une valeur totale de 66 millions et demi de francs. »

La *Wholesale* de Glasgow possède une fabrique de chemises qui occupe 249 femmes, une fabrique de chaussures où travaillent 1.500 personnes et qui fabrique 14.000 paires de souliers par semaine; elle opère avec le matériel le plus perfectionné. Elle a aussi une imprimerie et d'autres usines moins importantes, puis une compagnie d'assurance. Bien entendu ses produits ne peuvent être achetés que par des sociétés coopératives.

« Depuis quelques années, ajoute l'auteur anglais d'une notice publiée par l'*Almanach coopératif* de 1903, la *Wholesale* a eu l'avantage de recevoir des commandes de divers services publics, elle a eu à habiller les agents de police, les employés de tramways, les employés de chemin de fer et tout dernièrement elle a reçu une commande importante des employés des postes. »

Mentionnons enfin (même source) une fédération créée en 1869 pour fournir du pain aux coopératives écossaises. En 1901 elle avait 116 sociétés adhérentes, la fabrication de l'année montait à 8.659.000 francs, les *bonis* avaient été de 845.000 francs.

Cette même société a fondé à Glasgow des restaurants coopératifs qui ont un grand succès.

Les fabriques coopératives. — Il faut entendre par là les usines montées par les sociétés de consommation et non celles qui sont érigées par les coopératives de production. Elles sont nombreuses, car outre celles des *Wholesales*, beaucoup de sociétés en ont aussi; 487 ont des boulangeries, 351 des ateliers de chaussures, 201 des ateliers de confection, 226 des ateliers de vêtements sur mesure, 30 ont des ateliers de menuiserie et de charronnage et 12 ont des moulins. Tous ces chiffres sont cités dans le rapport fait au congrès de Doncaster, mais ce que ce rapport ne dit pas et ce que d'ordinaire on ne dit pas dans les statistiques c'est si le résultat de ces entreprises a été heureux.

Il n'est pas possible cependant que toutes ces fondations aient un bon succès. Organiser et diriger une société de vente est chose assez difficile surtout pour les membres des coopératives, c'est-à-dire pour des gens qui jusqu'alors avaient été étrangers à ces sortes d'opérations, est-il prudent d'y joindre la construction et la direction d'une usine ou d'un atelier? Le moulin à vapeur que voulut construire la société de Rochdale fut dirigé par l'un de ses membres, ouvrier tisserand. « Il apprit, écrit M. Holyoake, l'art d'acheter le grain, celui de le moudre et celui de bien diriger un moulin... Il se rendit maître des opérations et ouvrit une voie de prospérité. »

Il avait évidemment des dispositions naturelles qui ne sont point communes chez les ouvriers tisserands, de plus, l'auteur ne nous dit point qui a payé les essais de ce chef de fabrique improvisé; son éducation a dû coûter un certain prix à la société. Et si, en effet, la fondation du moulin à vapeur a rendu la société prospère, l'inverse s'est vu aussi; on a vu et on voit des moulins ou des fabriques onéreux pour la société qui les a fait construire. Mais ce résultat n'est pas proclamé dans les congrès, on ne s'empresse pas de le publier et comme les sociétés qui font cela sont déjà riches et en état de supporter quelques pertes, les mauvais effets ne paraissent pas; ils sont certains cependant, non dans tous les cas, mais dans un certain nombre de cas et il faut le marquer pour mettre les coopératives en garde contre une tentation qui est ordinaire, très ordinaire aux sociétés prospères, en Angleterre tout au moins, et à laquelle elles ne savent pas résister.

Une question très discutée à propos de ces usines fondées par les coopératives est celle-ci : Doit-on faire participer aux bénéfices produits le personnel de ces usines? On l'a débattu plusieurs fois dans les congrès, sans d'ailleurs arriver à une solution. La *Wholesale* de Glasgow et quelques sociétés (249) l'admettent, la plupart la repoussent avec la *Wholesale* de Manchester.

Au premier abord on s'étonne qu'une telle question soit discutée : n'est-ce pas une mesure de principe et la participation n'est-elle pas de règle dans une telle situation? Mais nullement, disent les tenants de la *Wholesale* anglaise, elle est fort bonne entre patrons et ouvriers, entre employeurs et employés, le patron, l'employeur prend sur son bénéfice pour favoriser ses auxiliaires, c'est fort concevable, mais ici il n'y a point un employeur cherchant à réaliser des bénéfices sur les consommateurs ordinaires, ce qui est le propre des chefs d'industrie, ce sont les consommateurs eux-mêmes qui font fabriquer, il n'y a donc pas bénéfices à proprement parler. Les salariés employés dans ces usines peuvent, s'ils le désirent, profiter de l'institution, en entrant comme sociétaires dans l'une des sociétés propriétaires de l'usine. Ils auront leur part des profits, mais ils l'auront comme consommateurs, ce qui est juste, car les principes veulent que les gains aillent aux consommateurs, non aux producteurs.

Les anciens coopérateurs, les apôtres de l'idée peut-on

dire, sont absolument partisans de la participation. L'un d'eux et des plus connus, Vansittart Neale, mort il y a dix ans, préconisait même un autre système, la transformation des usines des coopératives de consommation en sociétés de production. Les coopératives de consommation ayant des usines admettraient leurs ouvriers à la participation, mais emploieraient les bénéfices à rendre ces ouvriers actionnaires, si bien qu'ils finiraient par être propriétaires de l'usine, système pratiqué dans les maisons françaises Leclaire et Godin de Guise. Le désir de Vansittart Neale paraît n'avoir été suivi nulle part.

On a seulement émis au Congrès de Doncaster, dernier en date (1903), un vœu pour inviter les coopératives de consommation à « ne tenir dans leurs magasins que des produits manufacturés coopérativement (par des sociétés de production) et à s'adresser pour leurs travaux de bâtiment à des institutions coopératives ».

L'alliance coopérative internationale. — On s'est demandé, dans quelques-uns de ces congrès dont il va être parlé ensuite, s'il ne serait pas bon de faire même une société internationale entre coopérateurs. On a vu combien la *Wholesale* anglaise achetait à l'étranger; ne pourrait-elle, pour ces achats, s'adresser à des coopératives étrangères? Et d'autres sociétés qui pour leurs besoins doivent ainsi acheter au dehors ne pourraient-elles faire de même?

C'est pour y arriver que, dès 1887, on a jeté les bases d'un comité international qui existe, qui est composé d'un certain nombre de délégués des sociétés ayant adhéré. Ces sociétés ne sont pas nombreuses : 246 en Angleterre, 26 en France, en tout 369. Le comité est nommé ou renouvelé en congrès. Le dernier congrès s'est tenu à Manchester en 1902.

Ce comité a recueilli déjà un certain nombre de documents statistiques sur les coopératives des divers pays (la *Wholesale* anglaise tient déjà une liste des coopératives qui, dans les diverses contrées, désirent être visitées par ses acheteurs). Il faut avouer cependant que jusqu'ici les effets de ce comité ont été surtout platoniques et que nul résultat nettement pratique de son action ne peut être indiqué.

Le Comité central et les Congrès. — A côté des *Wholesales*, groupes purement commerciaux, il y a un groupe qu'on serait tenté d'appeler de propagande et des principes s'il n'avait aussi (et c'est de règle en Angleterre) son côté pratique, c'est un *Comité central*, composé des délégués des sociétés adhérentes (plus d'un millier) et qui a son centre à Manchester, parce que c'est la *Wholesale* qui en a eu l'initiative. Il a eu longtemps à sa tête le doyen des coopérateurs Vansittart Neale, mort à l'âge de 80 ans et qui n'a cessé toute sa vie de se prodiguer pour la cause coopérative.

C'est ce comité qui prépare les Congrès tenus chaque année dans une ville d'Angleterre ou d'Écosse avec grande solennité. Il dispose pour ses dépenses d'un budget annuel d'environ 240.000 francs fourni par les sociétés adhérentes et a pour organe le *Cooperative News* (nouveau coopérateur) qui a près de 50.000 abonnés et un large budget. Quelle comparaison entre cette situation si florissante et ce que nous voyons dans notre pays !

Les congrès coopératifs anglais diffèrent aussi des nôtres, non seulement parce qu'ils groupent beaucoup plus d'assistants, parce qu'ils reçoivent dans les villes où ils se tiennent un grand accueil et sont considérés comme des solennités locales, mais surtout par l'esprit qui anime les assistants. Cet esprit est nettement chrétien, on ne manque pas de le proclamer. Le *Cooperative News* inscrit en tête de ses numéros la maxime que j'ai lue longtemps en tête d'une revue catholique française : *In certis unitas, in dubiis libertas, in omnibus caritas.* Le congrès de Durham en 1894 applaudissait à cette déclaration de l'un des assistants « qu'il espérait bien qu'un temps viendrait où les mots coopérateurs et chrétiens seraient synonymes ». L'évêque de Durham assistait à ce congrès (l'évêque anglican représentant la religion officielle), il se plut à rappeler que l'un de ses prédécesseurs avait présidé un congrès analogue. Le congrès de 1902 avait invité l'évêque de Worcester qui y vint, fut reçu en grande pompe par les membres du bureau et fit, en faveur de la coopération, un discours fort applaudi. Il est ordinaire aussi que le congrès commence — comme en France les Congrès catholiques — par le service divin célébré dans la principale église du lieu.

Voilà qui est bien éloigné de l'esprit qui anime beaucoup de coopérateurs français. Pour eux la qualité sinon de chrétien au moins de catholique doit être une cause d'exclusion. On a discuté dans un congrès pour savoir si l'on n'expulserait pas les délégués d'une société dont les membres se déclarent catholiques ; de telles sociétés sont absolument exclues, on l'a vu, par la *Chambre consultative des sociétés de production.* Et cependant cet esprit si nettement religieux des coopérateurs anglais ne les a pas empêchés d'arriver à un degré de prospérité matérielle dont nos sociétés restent bien éloignées.

Résultats matériels et moraux. — Comme les coopératives anglaises dès qu'elles se développent vendent à peu près tout ce qui est nécessaire à la vie, denrées alimentaires, chauffage, vêtements, étoffes, meubles, ceux qui se fournissent à ces sociétés font de sérieuses économies. Pour les familles ouvrières ou d'employés on peut l'estimer à 80 ou 100 francs par an en moyenne; c'est un chiffre sérieux, on en conviendra, sans compter la question de qualité qui n'est pas méprisable[1]. Et puis le côté extérieur, le côté matériel n'est pas le seul, il y a un côté moral qu'on ne saurait passer sous silence.

« L'amélioration du sort de nos membres, disait l'un des fondateurs de la société de Rochdale à M. Holyoacke son historien, est visible dans leur toilette, dans leur contenance, dans leurs paroles. Vous imagineriez difficilement combien les change leur adhésion à une société coopérative. Nombre d'amis de la cause pensent que nous comptons trop sur ce fait : rendre l'ouvrier capitaliste; seize années d'expérience m'ont conduit à penser le contraire.

« Des pères de famille qui jusque-là ne s'étaient jamais vus sans dettes, de pauvres femmes qui durant quarante ans n'avaient jamais eu un sou dans leur poche possèdent maintenant des épargnes suffisantes à l'érection de petits *cottages* et vont chaque année à leur propre magasin faire leurs achats au comptant.

« Nombre de jeunes filles ont accumulé des épargnes dans la société et se sont ainsi créé la réputati n d'être d'excellentes ménagères. Les jeunes gens désireux de se faire un avenir honnête et de se procurer

1. J'ai eu sous les yeux une enquête anglaise où l'on constatait que les fraudes sur les denrées alimentaires sont telles que le thé vendu dans les quartiers populeux — on sait quelle place tient le thé dans la consommation anglaise — se composait surtout de feuilles de prunier séchées.

une bonne compagne consultent volontiers les livres de la société pour se guider dans leur choix. »

Emploi des bénéfices. — Ceci a de l'importance lorsqu'ils représentent les grosses sommes que l'on a vues. La plus forte part est répartie entre les associés, mais avant cette répartition on fait sur les profits des prélèvements destinés d'abord à procurer l'instruction des membres. Les statuts des pionniers de Rochdale, c'est-à-dire des promoteurs du mouvement coopératif, portaient parmi les buts à poursuivre : « consacrer une partie des bénéfices futurs à la création d'établissements communs pour l'instruction et le développement moral des membres de l'association ». Nos sociétés de 1848 avaient écrit une mention pareille dans leurs statuts et n'ont guère eu occasion de l'appliquer, les sociétés anglaises ont eu meilleure fortune et ont suivi volontiers l'exemple donné par la société mère.

Dès qu'elles prospèrent et peuvent disposer de sommes suffisantes, elles créent de suite une bibliothèque avec salle de lecture, contenant des journaux et des revues et pouvant servir de salle de conférences. On y ajoute parfois un cabinet de physique et de chimie et même un petit observatoire. En 1902 il avait été employé plus d'un million et demi à cet objet. Il n'est pas inutile de faire remarquer à ce propos, bien que cet aveu n'ait rien d'agréable, que l'ouvrier anglais montre pour s'instruire des dispositions qu'on ne rencontre qu'exceptionnellement chez nos ouvriers français.

Mais ces vastes salles de réunion ne servent pas uniquement pour la lecture ou pour des conférences, on y donne aussi de ces sortes de fêtes que les Anglais appellent des *Thea parties*, où toutes les familles des coopérateurs se rencontrent; on cause, on fait de la musique et ces réunions ne sont pas seulement récréatives, elles ont une double utilité pratique : elles attachent à la société les associés et surtout les femmes, qui sont souvent assez réfractaires, et puis elles détournent du cabaret et des fréquentations analogues; ceux qui y ont part prennent le goût des distractions plus relevées et plus morales.

Le second but que se proposaient les pionniers de Rochdale (le premier était d'avoir des magasins pour la vente des provisions et des vêtements) c'était de « construire ou acheter des maisons saines et commodes pour les associés ». On peut dire que ce vœu a été largement rempli, car M. Dufourmantelle estimait à 25.000 le nombre des maisons construites tant par des coopératives de construction, c'est-à-dire par des sociétés spéciales, que par des coopératives de consommation.

Il s'agit, bien entendu, de la petite maison pour une famille, ordinaire en Angleterre où, même dans les grandes villes, les ouvriers ont leurs maisons, comme on le voit dans nos villes du Nord, les familles ayant l'habitude de sous-louer des chambres aux célibataires. Le désir d'avoir une maison à soi est très vif dans les ménages et c'est ainsi que nombre d'ouvriers ou employés sont membres de quelque société ayant pour but de faire construire des maisons à ses membres ou de leur procurer les moyens d'en acheter. Ce n'est pas ici le lieu de décrire ces sociétés, nous avons seulement à constater que les coopératives de consommation emploient volontiers une partie de leurs *bonis* ou même de leurs réserves à faire construire des maisons destinées à leurs membres [1].

1. Au congrès d'Exeter 1902 on assurait que l'année précédente 279 so-

Ces bâtisses représentent d'abord un solide placement et comme toute société importante doit avoir des réserves, cet emploi en immeubles est tout indiqué. Les maisons construites ainsi sont louées et même vendues aux membres de la société. Quelques sociétés emploient, pour procurer des maisons à leurs membres, les procédés les plus ingénieux. En voici un qui est rapporté par M. Ludlow, l'un des hommes, je le rappelle, qui, en Angleterre, connaissent le mieux les questions coopératives.

« La société d'Halifax, par arrangement avec un éminent manufacturier, M. Alkroydt, fournit à ses sociétaires le moyen d'économiser une maison sur leur consommation. M. Alkroydt vend le terrain, la société avance les fonds pour son acquisition et la construction de la maison et se rembourse sur les dividendes du sociétaire. On a reconnu que la consommation ordinaire d'une famille d'ouvriers dans le Yorkshire, se composant du mari, de la femme et de quatre enfants, suffit pour l'acquisition au bout de quatorze ans environ, d'une bonne et jolie maison en toute propriété. Cet ingénieux système ne peut d'ailleurs réussir que lorsque le commerce de la société embrasse un grand nombre de parties différentes. Celui de la société d'Halifax suffit, on peut le dire, à la consommation tout entière d'une famille d'ouvriers : il s'étend depuis la boulangerie, l'épicerie, la fruiterie, à travers tous les métiers usuels, jusqu'aux ameublements, à la bijouterie, et, si j'ai bonne mémoire, à la librairie.

« Consommation qui aboutit à la propriété immobilière, maisons que l'on acquiert en mangeant, voilà, on

ciétés avaient dépensé 26.249.000 francs à faire construire des maisons pour leurs membres.

l'avouera, de ces paradoxes économiques qu'Adam Smith et Say n'avaient pas prévus. »

On pourra être surpris de ne point trouver dans ces sociétés anglaises si soucieuses de poursuivre un but d'utilité, ce qu'on trouve dans quelques-unes des nôtres, des versements à une institution de prévoyance ou de secours. Les Anglais ne l'ont pas fait parce qu'ils ont dans ce but des sociétés spéciales ou sociétés de secours mutuels. *Friendly societies*, ou *Trade unions*; ce sont des syndicats qui sont aussi sociétés d'assistance. Ils n'ont pas eu l'idée, sans doute parce qu'ils n'en sentaient pas le besoin, d'en charger les coopératives. Il faut avouer que, même sans cela, le rôle de leurs sociétés est assez utile pour qu'on les puisse montrer et les proposer en exemple.

B. — L'ALLEMAGNE

Il existerait sur le territoire de l'empire environ 1.500 sociétés de consommation ayant un million de membres, soit une famille sur douze; le chiffre des affaires annuelles était évalué à 312 millions avec 31 millions de bénéfices. Ce chiffre toutefois n'est pas fort précis parce qu'on n'a pas en Allemagne de résultats d'ensemble. Les sociétés coopératives, en effet, sont groupées en plusieurs fédérations qui ont leurs statistiques séparées. Ainsi la principale, celle qui a pour président le Dr Crüger, accusait, en 1902, 696 sociétés de consommation sur lesquelles 638, qui avaient fait connaître leur situation, avaient 630.785 membres.

C'est en Allemagne qu'on trouve la plus nombreuse comme membres des coopératives de consommation, celle de Breslau qui compte plus de 85.000 membres, mais le chiffre moyen d'affaires n'est que de 200 francs par tête, ce qui est peu au regard des sociétés anglaises par exemple où la moyenne est de 730 francs.

L'*Union générale* n'étant pas une société d'achat en gros, mais un centre statistique de propagande et de conseil qui unit les coopératives de tous genres, il s'est fondé à Hambourg une véritable *Wholesale* qui avait, en 1902, 188 sociétés adhérentes et 484 qui étaient ses clientes; elle avait, en 1901, réparti entre ces diverses sociétés plus de 15 millions de marcs (le marc = 1 fr. 25) de marchandises.

La société centrale de Hambourg avait un journal de propagande très répandu, la *Wochenbericht*, et tenait des congrès annuels où se rendaient même des étrangers dont on s'efforçait de faire des clients.

Très convaincue de l'utilité qu'il y a à avoir de bons employés, elle ne craint pas de donner aux siens des rétributions allant jusqu'à 10.000 marcs, chiffre considérable pour le pays, mais qui comprend un tant pour cent sur les ventes et les stimule fortement.

C. — LA SUISSE

La République helvétique comptait, en avril 1902, 353 sociétés groupant 131.000 membres ayant 789 magasins ou locaux de vente. Leur chiffre d'affaires pendant l'année précédente avait été de 47.346.000 francs et la moyenne des achats de 361 francs. On voit que le chiffre est fort pour un si petit pays.

Une *Union suisse des sociétés de consommation* qui a son siège à Bâle groupe 125 sociétés, mais qui sont les plus importantes de toutes.

Cette *Union* a un double but. D'une part elle joue le rôle de *Wholesale;* elle a fait ainsi en 1901 4.177.000 francs d'affaires avec 211 sociétés, ce qui suppose qu'elle achète pour d'autres que pour ses membres (La *Revue populaire d'économie sociale* d'août 1902 à qui sont empruntés ces détails ne s'explique pas sur ce point). Comme ses similaires anglaises, elle a voulu essayer de la production et possède déjà une fabrique de pâtes alimentaires et une brûlerie de café. D'autre part, l'*Union* est un centre de statistiques et de propagande. Elle tient un état très complet des sociétés suisses, fédérées ou non, ainsi que de tout ce qui les concerne; elle a même un reviseur qui circule sans cesse pour se renseigner sur les sociétés qui ont négligé d'envoyer les chiffres demandés, et en même temps il revise obligeamment la comptabilité de ces sociétés, qu'il fait ainsi profiter de ses connaissances spéciales.

L'*Union* tient des congrès annuels, elle envoie des conférenciers dans les différentes parties de la Suisse. Elle rédige, en outre, le *Coopérateur suisse* qui paraît toutes les semaines sur douze pages grand format à deux colonnes : il tire à 2.000 exemplaires et a 2.500 abonnés, et la *Feuille coopérative populaire* qui paraît deux fois par mois sur un format plus petit, mais coûte 1 franc par an seulement et tire à 40.000 exemplaires; ce sont des chiffres qu'en France nous ne connaissons pas. Ils sont même, à proportion, plus remarquables que les chiffres anglais, puisque la population est de 3 millions d'habitants, soit les deux tiers seulement de l'agglomération londonnienne ou encore la population de Paris et de sa banlieue.

Une autre fédération : l'*Union de la Suisse orientale*, groupe 124 sociétés et remplit un office analogue.

Comme les sociétés anglaises et avec beaucoup de raison les fédérations suisses estiment qu'il vaut mieux multiplier les coopérateurs que les sociétés et que dès qu'une société existe en un endroit, le mieux est de lui chercher de nouveaux membres et non de créer des sociétés concurrentes.

D. — AUTRES PAYS.

L'*Almanach coopératif* pour 1903 estime que le nombre des coopératives de consommation s'élève à environ 10 mille dans le monde entier, groupant 4 millions de membres, ce qui représenterait 20 millions de personnes profitant de l'institution coopérative. Bien entendu, il n'y a là rien de précis.

Le journal spécial l'*Émancipation* de Nîmes a tenté à plusieurs reprises de faire le relevé des coopératives étrangères, besogne très ingrate et difficile. Ainsi il estimait (numéro de décembre 1902) qu'il y avait en Belgique 400 coopératives de consommation, 900 en Danemark, 239 en Espagne, et 1.192 aux États-Unis d'Amérique, 587 en Russie, 73 en Suède, 508 en Italie.

Mais veut-on voir la difficulté qu'il y a à se procurer des chiffres exacts? La même feuille nous cite dans son numéro suivant (janvier 1903) une Fédération italienne qui grouperait à elle seule 600 sociétés et, d'après un document officiel cité dans la *Réforme sociale* du 1er juillet 1903, il y aurait dans ce pays 1.051 sociétés de consommation.

Il y aurait aussi 990 sociétés en Autriche-Hongrie. Mais la Hongrie seule en aurait (*Émancipation* d'août 1903) environ 700[1]. Il n'est guère admissible

1. A noter un très curieux détail que donne la feuille citée d'après un journal allemand le *Wochenbericht* de Hambourg, 27 juin 1903 : « Avant 1894 il y avait à peine quelques coopératives de consommation en Hongrie, ce n'est que dans ces dernières années que plusieurs curés catholiques se mirent à en fonder plusieurs dans la Haute-Hongrie, exemple qui se propagea rapidement dans la Basse-Hongrie. »

que l'Autriche en ait moins; elle en aurait plutôt davantage.

La Hollande enfin aurait 55 boulangeries, 2 boucheries et 89 épiceries, soit environ 150 sociétés.

§ 7. — Les coopératives de consommation socialistes.

Elles ne sont pas fort anciennes non plus que leurs coopératives de production. Les socialistes ont mis du temps à découvrir que le petit commerce si souvent plaint n'était pas intéressant et que l'institution coopérative, fort mauvaise aux mains des autres, était parfaite dès qu'elle leur profitait. C'est en Belgique que cette découverte a été faite et c'est une société gantoise qui a donné le branle et commencé le mouvement.

A. — LE MOUVEMENT EN BELGIQUE.

Le Vooruit de Gand. — Cette société fameuse qui a servi de modèle aux autres coopératives socialistes et dont le succès a été souvent rappelé a aujourd'hui vingt-deux ans d'existence; elle date de 1881. C'était alors une petite boulangerie fondée par le syndicat des tisseurs gantois; elle périclitait lorsqu'elle eut la fortune de trouver comme directeur un homme d'une exceptionnelle valeur, *Anseele.*

Je citais précédemment les paroles d'un grand industriel qui, présidant l'un des congrès coopératifs anglais, disait à ses auditeurs : « Si vous pouvez avoir un homme technique, un homme de valeur, ne craignez pas de le payer très cher, vous ferez encore une bonne affaire. » Cette influence décisive de l'homme capable s'est montrée ici, car le succès du *Vooruit* est bien l'œuvre du seul Anseele[1]. Il a eu le mérite d'imaginer un système nouveau et la chance de le voir réussir.

Le *Vooruit* a des employés qui vont tous les dimanches chez les membres de la Société et leur proposent des jetons; les jetons sont la monnaie avec laquelle on paie ses achats. Chaque jeton vaut un kilog. de pain et le prix varie avec le cours du commerce; il est fixé tous les trimestres en assemblée générale. Les sociétaires donc achètent autant de jetons qu'ils désirent avoir de kilogs de pain pendant la semaine; ils peuvent toujours en acheter d'autres au magasin, mais alors il faut se déranger, tandis que l'employé les apporte. Puis tous les matins le porteur de la Société passe avec une petite voiture attelée de chiens (c'est la coutume en Belgique) et remplie de pains. Il remet autant de kilogrammes de pain qu'on lui donne de jetons.

On remarquera, en passant, combien ce système est avantageux pour la Société, elle ne fait aucune perte, étant payée d'avance, tandis que les boulangers ordinaires font souvent crédit, sont payés au bout de la semaine ou même plus tard et parfois pas du tout, on comprend moins au premier abord en quoi il est avantageux aux consommateurs; ils paient leur pain aussi cher que chez les boulangers et ils le paient par avance. C'est qu'ils attendent la *ristourne* ou la remise. La Société fait bénéficier ses membres de la différence entre le coût de sa fabrication et le prix qu'ils ont payé. Si par exemple le prix du jeton a été de 0,30

1. Il reçoit d'ailleurs une rétribution modeste et nullement en rapport avec les services qu'il rend.

centimes et que le kilog. de pain soit revenu à 0,21 centimes, chaque associé a droit à 0,09 centimes de *ristourne*. S'il a pris 2 kil. par jour, ce qui est peu dans une famille ouvrière, il aura droit au bout d'un trimestre à 15 francs environ de *ristourne*. Et comme la Société n'a pas seulement une boulangerie, mais aussi des magasins d'épicerie, de vêtements et que sur les achats qui y sont faits il y a une ristourne fixe de 6 %, ce sociétaire peut facilement avoir de 25 à 30 francs de *ristourne*.

Cette *ristourne*, toutefois (et voilà où paraît le génie qui a présidé à toute cette organisation), n'est pas distribuée en argent, mais en jetons avec lesquels on peut acheter ou de nouveaux pains sans avoir de déboursés à faire, ou de l'épicerie ou du combustible (il y a un magasin de combustible et une pharmacie, mais où l'on ne fait aucune remise). Mais où la *ristourne* est surtout dépensée, c'est au magasin d'*aunage* (on nomme ainsi le magasin de nouveautés). Le jour de distribution des remises, le magasin est encombré de femmes qui viennent acheter ainsi gratis ou en payant seulement une partie, ce qu'elles trouvent très avantageux. L'inventeur du système a parfaitement saisi un côté profond du caractère de l'ouvrier gantois ; il désire économiser, mais il n'a pas la force de le faire et il est très aise qu'un système imaginé par d'autres l'y oblige en quelque sorte. C'est ce qui a fait le succès du *Vooruit*.

Mais enfin qu'y a-t-il de socialiste dans cette organisation, car elle paraît être uniquement une coopérative habilement et heureusement dirigée? C'est que pour devenir associé (on a vu quels avantages il y avait à l'être) il faut remplir trois conditions : 1° être ouvrier; 2° verser 25 centimes pour le livret et

1 franc pour droit d'entrée; 3° s'être bien comporté avec le parti ouvrier et on nomme ainsi le parti socialiste.

La question de savoir si cette condition est remplie est à la discrétion du conseil d'administration, mais on considère comme ne remplissant pas la condition, celui qui lit des journaux hostiles au parti socialiste, ou qui fréquente les sociétés ou réunions interdites par le parti. Et en même temps les porteurs du *Vooruit* offrent le journal du parti, le *Vooruit* (qui veut dire *en avant*). Tout cela est bien calculé; les adhérents ne doivent entendre qu'un son, celui du socialisme. On reçoit ainsi dans la société des ouvriers qui ne sont nullement socialistes au début, on ne leur demande pas de l'être, mais on est assuré qu'ils le deviendront avec les conditions exigées.

Un autre moyen encore de propagande, ce sont les réunions de fêtes assez analogues par certains côtés aux *thea parties* des sociétés anglaises, mais plus simples; on y fait de la musique, ce qui est très prisé en pays flamand et même en pays belge quelconque, et, pour cette population pauvre, ces soirées récréatives et gratuites ont un grand attrait, d'autant qu'on les donne dans la salle des fêtes du *Vooruit*, superbe et vaste édifice qui contraste avec la pauvreté des maisons privées.

Et puis au cours de chaque séance, un socialiste fait une courte conférence comprenant nécessairement ce qui fait le fond du socialisme actuel : une critique amère et outrée de l'ordre social existant, puis des promesses pompeuses pour le jour où prévaudra l'organisation socialiste. On conçoit que sur des esprits novices et très frustes ces déclamations aient beaucoup d'effet, d'autant que tout a été calculé pour frapper les imaginations simples. La salle est ornée de médaillons représentant les principaux socialistes belges, des inscriptions se trouvent partout rapportant des maximes socialistes. La grandeur même et la beauté extérieure du *Vooruit* sont encore pour les membres un engagement et un lien. Ils sont flattés d'appartenir à une société si riche, si magnifique et en même temps il y a là une manifestation de puissance et de force qui s'impose à eux et qui les étreint. Pour les gens du peuple cette preuve de force extérieure est un élément absolument convaincant; ils ne vont guère à l'encontre, ils plient, ils se laissent absorber et employer comme instruments; les organisateurs du *Vooruit* le savent bien.

On voit combien fait le *Vooruit* pour la cause socialiste ; ce n'est pas tout : il lui fournit des subsides. On gagne moins sur la boulangerie, c'est presque l'article réclame, on gagne plus sur les autres. Quoi qu'il en soit, chaque année, un prélèvement est fait, non sur les bénéfices de la société, mais sur les frais généraux, et versé dans la caisse du parti ouvrier, nous savons que cela veut dire : du parti socialiste. Quelles sont ces sommes, nul ne le sait, ni dans le public, ni même parmi les membres de la société, car ils votent sans observations ni questions, les comptes peu détaillés qui leur sont présentés en assemblée générale ; il n'est pas douteux seulement que ces sommes soient élevées. Le député Vandervelde, qu'on peut appeler le chef du parti socialiste, à la Chambre tout au moins, appelait le *Vooruit* « la vache à lait du parti ».

Le succès de la coopérative socialiste a fait surgir des concurrents : les catholiques gantois, par exemple, ont créé une coopérative le *Hel-Volk* qui a débuté avec 1.300 membres et a inauguré un système un peu différent : ou bien les membres peuvent acheter au prix coûtant : 0,21 centimes le kilog. (prix de la première année) ou 0,30 centimes avec *ristourne* et ce qui prouve combien la *ristourne* plaît aux ouvriers gantois, c'est que, de suite, plus d'un millier ont spontanément payé le kilog. de pain 0,30 centimes au lieu de 0,21 afin de toucher la différence.

Pour retenir les membres, et pour en engager de nouveaux, le *Vooruit* a fondé une société de secours mutuels qui porte le nom d'une célébrité socialiste locale, on l'appelle la société Moysson, du nom d'un socialiste belge; elle est d'ailleurs obligatoire. Les membres du *Vooruit* versent 0,05 centimes par semaine, plus 0,10 centimes le premier dimanche du mois. Moyennant ce faible versement, ils ont droit, en cas de maladie, aux secours du médecin, et aux remèdes pendant six mois. En cas de décès, la famille touche 10 francs. Elle touche six pains par semaine, pendant les six premières semaines de maladie, et, en cas d'accouchement, reçoit pendant une semaine le pain, l'épicerie et le charbon nécessaires. Bien entendu la Société doit ajouter au produit de la cotisation. Elle a même promis une pension de 120 francs, payée en bons et réversible sur la tête de la femme, à tout membre qui aura, étant âgé de soixante ans au moins, acheté pendant vingt ans pour 150 francs par an à la Société. Les pensions ne doivent pas être payées avant 1907.

Autres coopératives socialistes. — L'exemple du *Vooruit* a produit grand effet en Belgique et même au dehors; en Belgique surtout il a fait surgir partout des coopératives socialistes et comme en de certaines parties du pays le socialisme peu développé à

Gand avant le succès du *Vooruit*, a déjà de nombreux et fervents adeptes[1], les nouvelles institutions trouvèrent là un terrain tout préparé. La société la plus importante actuellement est la *Maison du peuple* de Bruxelles; fondée en 1882, un peu après le *Vooruit*, elle la dépasse aujourd'hui comme importance. D'après le *Mouvement socialiste* (publication française) de 1902 (p. 194), le premier semestre de 1902 aurait eu une vente moyenne de 215.000 francs par semaine[2], alors qu'on avait commencé par vendre 528 pains par semaine. Les bénéfices avaient été de 272.551 francs fournis par les divers magasins (boulangerie, épicerie, étoffes, combustibles), mais surtout par la boulangerie : elle avait fourni seule 221.239 francs. La boucherie avait été en perte de 1.209 francs. Mais il convient d'ajouter aux bénéfices 25.214 francs de *ristourne*. Ce sont, on le voit, de très beaux résultats et qui supposent, d'après le journal, environ 20.000 acheteurs, mais surtout clients de la boulangerie.

La *Maison du Peuple* de Bruxelles a fait construire un très beau et vaste local; on a vu pourquoi à propos du *Vooruit*. Elle possède deux fabriques de pains, trois boucheries, trois estaminets, vingt et une succursales, et emploie 350 ouvriers ou employés.

Il serait curieux de savoir, mais la feuille en question n'a pas jugé à propos de le dire, quelles sommes ont été versées au *Parti ouvrier*, car c'est, avec le

1. On me citait en Belgique même (et c'était un socialiste qui me les rapportait) deux faits qui montrent l'attachement de ces hommes au parti. Un ouvrier, dans un petit restaurant, cesse son déjeuner parce qu'on lui a servi du pain qui ne sort pas de la boulangerie socialiste. Un autre préfère acheter un vêtement mal fait à la coopérative socialiste que de se fournir ailleurs.

2. La vente avait été, au *Vooruit* de Gand, de 100.000 pains par semaine en 1902.

désir de propagande, la raison d'être des coopératives socialistes.

On trouve actuellement en Belgique de nombreuses « maisons du peuple ». (Le lecteur aura soin de ne pas confondre avec les « maisons des ouvriers » qui sont des institutions catholiques.) Le député Vandervelde déclarait, dans une conférence faite à Paris en 1901, que les coopératives socialistes formaient 189 sociétés) (203, disait, à la fin de l'année suivante, un autre socialiste belge), parmi lesquelles plusieurs ont de 5.000 à 15.000 membres.

Ces sociétés existaient toutes ou dans des villes ou dans des centres ouvriers, mais les socialistes faisaient tous leurs efforts pour entamer les campagnes où l'esprit religieux a subsisté jusqu'ici. M. Vandervelde, dans sa conférence, a cité quelques coopératives fondées ainsi, et une notamment, dans un village des Ardennes où elle avait pu s'établir grâce à l'influence de quelques militants socialistes. Elle avait fait en 1901, déclarait-il, 52.000 francs d'affaires et 5.000 francs de bénéfices sur lesquels on avait versé 100 francs à la propagande socialiste générale, 250 francs à la propagande locale et 200 francs à la propagande anti-militaire (le lecteur remarquera cet article). Le reste, soit plus de 4.000 francs, devait être employé à ériger une « maison du peuple », c'est-à-dire un local vaste et apparent, moyen toujours employé pour attirer la foule que la vue d'un édifice pompeux (au moins relativement) frappe et engage nécessairement.

Du reste, tout ce qui peut attirer des adhérents au parti est mis en œuvre, toujours grâce aux sociétés de coopération qui fournissent les ressources. Ainsi le parti a su qu'une grève avait éclaté parmi des ouvriers carriers dans un pays tout catholique, et avait peine à se soutenir, il y envoya plusieurs charrettes ornées de drapeaux rouges et pleines de pains fournis par une *maison du peuple* voisine. Les pains furent distribués aux ouvriers en grève au nom du Parti ouvrier, et le socialisme fit parmi eux de nombreuses recrues[1].

Ces procédés, aussi bien que l'extrême importance des coopératives socialistes belges dont l'influence est sensible même hors des frontières du pays, obligent à marquer la façon dont ces coopératives opèrent avec leurs employés; on y verra ce qu'il faut penser des principes toujours mis en avant par les socialistes.

Le personnel des coopératives socialistes. — Prenons celui du *Vooruit*, parce qu'il est le plus connu. Outre les porteurs de pain et les vendeurs de jetons, le *Vooruit* a des ouvriers boulangers et d'autres ouvriers et ouvrières qui travaillent pour les magasins de confection ou de chaussures. Or le parti socialiste a toujours, en matière de travail, proclamé certaines règles comme intangibles : ainsi il n'admet pas le travail aux pièces, mais seulement le travail à la journée qui donne un travail peu empressé et assure même salaire à tous capables ou non. Il réclame, en plus, le salaire égal sans distinction de sexe ni de capacité professionnelle, et enfin demande la journée de huit heures. Comment ces règles sont-elles observées dans les ateliers du *Vooruit?*

Les porteurs de pain sont payés en proportion des pains qu'ils placent (1 centime par pain), comme les

1. Remarquez que ces carriers profitent des institutions d'assistance créées par la charité catholique, mais c'est ancien, c'est habituel; ils regardent cela comme un dû. Au contraire, ces charités de pain sont du nouveau, c'est une libéralité qui frappe par son tour extérieur; ils oublient tout le reste, et quittent leur croyance pour aller aux pains et aux petits drapeaux.

ouvrières employées au piquage des bottines sont rétribuées en proportion de l'ouvrage fourni. Voilà pour le premier principe qui condamne le travail aux pièces.

Quant à l'égalité des salaires, le maître coupeur cordonnier (l'atelier de cordonnerie est le principal) a 3.000 francs par an et ses ouvriers environ 4 francs par jour, ce qui ne fait pas 3.000 francs, ni même la moitié. Les ouvrières arrivent à se faire de 1 fr. 60 à 2 fr. 80; moins de 4 francs par conséquent.

Pour la durée des journées, elle est de dix heures (au lieu de huit) pour les employés; dans les ateliers, le travail dure de huit à neuf heures et demie. Mais la journée finie, on oblige les ouvrières à rester une heure de plus pour assister à l'école du soir en leur disant : ce n'est pas le même travail; l'instruction est un devoir civique.

Le repos du dimanche, plus nécessaire et plus désirable que des journées courtes, est inconnu dans les magasins du *Vooruit;* ils sont ouverts ce jour comme les autres, les employés ont un jour de repos sur sept, mais un jour quelconque.

On voit que les théories socialistes sur les conditions du travail ont été mises de côté avec une parfaite désinvolture. Les administrateurs du *Vooruit* ont cherché, comme de vulgaires entrepreneurs, à obtenir le meilleur rendement des efforts de leurs salariés. Les principes sur le salaire égal et la distribution du travail, on les réserve pour les ateliers patronaux; dans les ateliers socialistes, on a soin de laisser à la porte tout ce qui se trouve d'incommode dans la doctrine.

Il y a plus : Anseele et ses co-administrateurs ont été condamnés pour infraction à la loi sur la protection du travail. Il s'agit d'une loi belge qui a proscrit divers procédés d'exploitation des ouvriers que certains patrons employaient et la première application de cette loi protectrice a été faite au gérant du *Vooruit*. Elle interdit toute retenue sur les salaires, or il fut démontré que l'administration de la coopérative socialiste faisait des retenues sur les salaires, sur ceux des femmes notamment. Anseele, appelé à s'expliquer en police correctionnelle, soutint que ces retenues étaient affectées partie à une « caisse de propagande et de résistance » et partie à une autre caisse destinée à procurer aux ouvrières des bourses de voyages et d'études. La loi n'admettant pas d'exception, ni aucun de ces prétextes, le tribunal condamna, le 28 octobre 1896, les administrateurs du *Vooruit* à une amende pour infraction à la loi, et depuis, les retenues ont été supprimées. Mais les griefs des ouvriers n'ont point disparu pour cela.

Naguère encore, écrivait dans la *Réforme sociale* du 1er avril 1897 un Gantois, M. Van den Heuvel, professeur à l'Université de Louvain, actuellement ministre de la justice, on voyait dans les rues de Gand une affiche d'un ouvrier tailleur se plaignant d'avoir été mis en disponibilité pendant quinze jours pour une malfaçon peu importante dans un vêtement d'enfant. Car il faut bien remarquer que l'ouvrier atteint d'une peine, n'a aucun moyen sérieux de réclamation. Il peut, dit le règlement, réclamer auprès de la direction, mais c'est elle qui a infligé la peine, ou auprès de l'assemblée générale. Cette assemblée se réunit tous les trois mois, elle se compose des membres de la Société qui appartiennent à toutes sortes de professions et qui ne peuvent apprécier un grief d'ordre technique, concernant une pièce refaite déjà vendue, ou concernant un fait remontant à des semaines ou à des mois. Le réclamant, à supposer qu'il ose prendre la parole dans l'assemblée, sait bien qu'il se trouvera en face des gérants qui auront toujours raison contre lui. Le seul résultat sera de se faire congédier. « Les employés, a osé dire une fois en pleine assemblée un typographe occupé au journal, les employés tels que compositeurs, tailleurs, cordonniers, n'osent pas réclamer de peur de se trouver sans pain. Ils se réunissent dans un cabaret pour épancher leur cœur. »

Celui qui parlait ainsi n'était pas un mécontent quelconque, c'était un membre important de la société, président d'une commission chargée de faire à l'assemblée en question un rapport sur une affaire de confiance. Naturellement il fut exclu du parti. Mais il n'était pas seul à penser ni à parler de la sorte. Un des cinq administrateurs du *Vooruit* avait déclaré ses réclamations légitimes; il fut contraint de donner sa démission; l'opposition n'est pas admise au *Vooruit*, il faut que chacun plie et se soumette.

Un des fondateurs du parti socialiste gantois, M. Pool de Witte, s'est plaint dans un journal socialiste qu'on exigeât de produire en huit heures autant que dans les autres ateliers en dix heures. Il soutenait que les piqueuses de bottines avaient été sur le point de se mettre en grève, et que la tyrannie d'Anseele faisait du *Vooruit* un veritable enfer pour ceux qu'il occupait.

Il n'est pas inutile lorsqu'on en trouve l'occasion — qui est rare, car les socialistes, s'ils critiquent ferme, organisent rarement des établissements de travail — de faire ressortir la manière dont les socialistes appliquent leurs propres doctrines; il est à désirer que de tels faits soient connus et souvent cités.

Ajoutons, pour qu'on ne pense pas que le fait du *Vooruit* soit exceptionnel, que le congrès des coopératives socialistes françaises tenu à Lille les 29-31 septembre-1er octobre 1901, était saisi d'une pétition de divers employés et ouvriers travaillant pour des coopératives socialistes et qui demandaient qu'on voulût bien se souvenir en ce qui les concernait des règles inscrites au programme socialiste et leur donner « des journées approchantes de celles de huit heures et un dimanche sur deux ». Le congrès refusa de se prononcer sur la question et la renvoya à l'année suivante. Qu'aurait-il dit si des patrons avaient ajourné ainsi une pétition instante de leurs ouvriers ? Le *Mouvement socialiste* écrivait d'ailleurs à ce propos : (numéro du 15 septembre 1901) « Il faut avouer que parfois, même dans les sociétés qui se disent socialistes, les employés sont exploités comme ils le seraient par des patrons. » Nous arrivons par là et naturellement à notre pays.

B. — LE MOUVEMENT EN FRANCE

Il faut distinguer entre les coopératives qui ont seulement des tendances socialistes, qui au besoin iront à un congrès socialiste ou aideront soit de leurs commandes, soit de leurs subsides des tentatives socialistes comme la Verrerie d'Albi, mais sans s'engager, et les sociétés qui adhèrent à un programme socialiste, se déclarent et versent des fonds pour aider au triomphe du Parti.

Les premières seraient fort nombreuses si l'on en croit le *Mouvement socialiste* du 15 octobre 1900, qui célèbre le congrès organisé à Paris en juillet 1900 par la *Bourse coopérative socialiste*. « En réalité c'était un congrès socialiste, ni les sociétés adhérentes ni le public ne s'y trompèrent, aussi n'y eut-il de représenté que les sociétés socialistes ou à tendances socialistes. »

Ces sociétés d'ailleurs étaient nombreuses : 115 comptant 180.000 membres [1], gros chiffre pour la France. « Les plus grandes coopératives de Paris et de la banlieue : la *Moissonneuse*, la *Bellevilloise*, l'*Égalitaire*, l'*Avenir de Plaisance* étaient représentées sans compter de nombreuses sociétés de la province et même de l'étranger (Belgique seule). »

On acclama un programme portant que les coopératives socialistes doivent s'efforcer « de faire abolir le salariat par tous les moyens politiques et économiques, légaux et révolutionnaires; donc les sociétés doivent aborder de front les problèmes politiques et mener le combat d'accord avec les syndicats et les groupes. »

C'était un brillant résultat et on comprend la joie des socialistes. Elle diminuait fort l'an suivant lorsque au congrès de Lille, le deuxième, tenu les 29-30 septembre-1er octobre 1901, ils durent constater (*Mouvement socialiste* du 15 novembre 1901) que le congrès « avait été caractérisé par l'abstention de la plupart des sociétés qui avaient pris part au précédent congrès. Les délégués étaient peu nombreux et représentaient seulement les sociétés du Nord et du Pas-de-Calais. De Paris deux délégués seulement, les autres sociétés, suivant la déplorable habitude, avaient envoyé des mandats en blanc ».

Et le motif de ces abstentions, de ce peu d'empressement? Voici celui que donnait la feuille socialiste : « Ce qui a nui à la *Bourse coopérative* (initiatrice du mouvement), c'est surtout sa tendance politique. Si l'esprit de lutte contre la société est universellement répandu dans la classe ouvrière, il est certain que la

1. Bien entendu je laisse aux organes socialistes qui les rapportent la responsabilité de leurs chiffres; je me borne à les citer.

confiance dans les bienfaits de la politique socialiste ne l'est pas au même degré. »

Le même organe insistait sur la même idée (1901, I,622). « Les coopératives se défient un peu des avances que leur font les socialistes. A tort ou à raison, elles croient que ces amabilités nouvelles ne sont pas désintéressées. Elles se sentent riches, elles savent aussi que les candidats ont besoin d'argent. Elles craignent qu'une partie de leurs trop-perçus ne servent aux futures campagnes des nouveaux venus à la coopération. Et ces craintes ne sont peut-être pas sans fondement : les politiciens disent trop souvent que les coopératives doivent être les vaches à lait du Parti. »

Au fond, il y a dans ces congrès des sociétés dont les membres veulent bien 'taler des opinions politiques et sociales avancées (on peut même dire socialistes), mais en conservant leur liberté et surtout la disposition de leurs fonds. Les vraies coopératives socialistes, celles qui ont fait acte d'adhésion au parti et exécutent les obligations imposées, ne se trouvent guère que dans le Nord où elles forment une Fédération.

La Fédération des coopératives de la région du Nord est vraiment composée de coopératives socialistes ayant admis le programme voté au Congrès de 1900, c'est-à-dire acceptation des principes fondamentaux du socialisme : lutte des classes; entente internationale des travailleurs; socialisation des moyens de production et surtout ayant consenti à faire les versements exigés : 2 % sur le chiffre d'affaires pour les sociétés de consommation, 10 % sur les bénéfices pour les coopératives de production.

La Fédération compte une douzaine de sociétés ayant ensemble 15.000 membres environ, mais très inégalement répartis puisque deux sociétés ont plus de 5.000 membres, alors qu'une autre en a 12 et une autre 35 à 40. Leur situation est en général prospère, puisqu'en trois ans, de juillet 1898 à juillet 1901, elles avaient versé plus de 58.000 francs dans la caisse du Parti. Il est notable que ces sociétés se trouvent toutes sur la frontière belge, dans les départements du Nord, de l'Aisne et du Pas-de-Calais.

Veut-on, à titre d'indication, une monographie de coopérative socialiste? Voici comment le *Mouvement socialiste* du 15 juin 1903 décrit l'une de ces sociétés, et très florissante, assure-t-il, l'*Union d'Amiens*.

L'*Union d'Amiens* a été fondée en 1892 par les Syndicats (ouvriers bien entendu) de la ville qui en ont fourni le capital. On y reçoit même des non-syndiqués, mais le conseil d'administration est pris uniquement parmi les syndiqués à raison de trois membres désignés par chaque syndicat, et cela « pour permettre aux syndicats de rester les maîtres exclusifs de la situation ».

Voici, du reste, son programme : « Suivant l'exemple des sociétés belges, l'*Union* aspire à être autre chose qu'une maison d'épicerie... Sans négliger le côté matériel, elle doit surtout avoir pour but de donner plus de cohésion, plus de force au mouvement syndical amiénois, elle devait devenir quelque chose comme la forteresse des syndicats ouvriers...

« Le syndicat, constitué comme instrument de résistance et d'attaque envers la puissance patronale, a comme fonction principale d'accorder des indemnités de grève. D'aucuns élargissent ses attributions en y mettant les assurances sociales : maladies, invalidité, chômages... Mais ces différents services demandent un effort pécuniaire quelquefois lourd pour les syndiqués et le syndicat semble manquer d'un point d'appui. Ce point d'appui, il le trouvera dans la coopérative.

« L'union du mouvement syndical et du mouvement coopératif, le *second subordonné au premier*, ne pourra que donner d'excellents résultats. »

Les statuts déclarent, en effet, que « le conseil d'administration est autorisé à prélever sur les fonds de prévoyance (la société alloue en cas de décès de petites sommes de 10 à 25 francs et même quelques secours en vivres ou en argent) les sommes qu'il jugera nécessaires pour soutenir les ouvriers en grève ou pour un événement malheureux ». Or, il faut noter que la société est florissante, les bonis de 1891 à 1902 avaient été de 312.000 francs au total et ils avaient atteint près de 61.000 francs la dernière année.

Voilà donc qui est net et bien établi : les coopératives socialistes ont pour but de fournir des recrues et des ressources au Parti. « Nous organisons des coopératives, a dit Anseele, afin de pouvoir, à un moment donné, réunir les masses pour une révolution générale », et l'un de ses compatriotes, Bertrand, député socialiste, écrivait à la *Petite République* qui s'empressait d'insérer sa lettre (24 juillet 1900) : « A notre avis, il faut que les sociétés coopératives soient considérées désormais comme une arme au même titre que les syndicats et les groupes politiques. » Et une autre feuille socialiste disait de son côté : « La coopération, dans ses allures pacifiques, est pour nous une arme des plus révolutionnaires. »

Comment donc se trouve-t-il des esprits assez naïfs pour rêver d'alliance avec ces sortes de sociétés? Des braves gens qui prêtent aux autres leurs sentiments de conciliation, sans se demander si c'est sage et si c'est prudent, viennent dire : Mais après tout, ce sont là des coopérateurs, pourquoi ne pas s'entendre avec eux? Comment pourquoi? Mais parce que ce ne sont pas tant des coopérateurs que des révolutionnaires de la plus dangereuse espèce. Parce que, pour eux, la coopération n'est pas un moyen de procurer la paix sociale en rendant les ouvriers propriétaires de l'atelier ou en diminuant leurs dépenses, en leur donnant des notions pratiques de ce qu'est la vie économique, c'est un moyen de répandre et de soutenir des doctrines tendant à détruire la religion, la propriété individuelle, la famille[1], la liberté du travail. On oublie trop cela et, sous prétexte de fraternité, on se prête à aider les pires ennemis de tout ce qui est respectable.

Au surplus, ces gens qu'on se flatte de gagner, repoussent absolument toute alliance avec des non-socialistes, avec des « bourgeois ». Ils en admettent quelques-uns isolément qui apporteront leur nom, leur talent, leurs cotisations et qui seront pour eux des instruments commodes, mais ils n'accepteront pas de se joindre à un groupe qui n'aura pas leurs sentiments. Ceux qui auraient encore quelques illusions de ce côté peuvent lire, dans l'*Émancipation* d'août 1900, le récit du congrès organisé par le *Comité central* et où ce Comité avait eu l'imprudence de convier les coopératives socialistes.

Les membres de ces coopératives voulurent montrer aux « bourgeois » qui les avaient conviés comment se comportent les socialistes, quel est leur

1. Dans les associations de nuance socialiste, on met les « compagnes » (lisez les concubines) sur le même pied que les épouses légitimes et c'est une tendance hautement avouée.

savoir-vivre et leur manière de discuter. M. Gide, présent au congrès, décrit : « l'indignation de l'administration centrale qui nous a avertis que si nous continuions à faire un tel tapage nous serions expulsés *manu militari* et que nous détériorions le mobilier. A la dernière séance encore on ne pouvait parvenir à nous disperser quoique l'heure de la fermeture eût depuis longtemps sonné ».

Les coopérateurs en question ont bien voulu, d'ailleurs, interrompre quelquefois leurs violences, mais ç'a été pour faire voter des motions socialistes, lesquelles ont paru sortir ainsi d'un congrès organisé par des gens modérés et purement coopérateurs. C'est tout ce qu'ont gagné les membres du *Comité central* à se fourvoyer en pareille compagnie[1].

Procédé socialiste. — Les socialistes n'emploient pas toujours le procédé qui consiste à fonder une coopérative de leur bord en mettant sa qualité en évidence, ils ont plusieurs fois agi autrement. Ils avisent une société qui n'a point de couleur, ni religieuse, ni sociale, et où chacun peut entrer à condition de payer sa mise et d'être présenté par un membre, ce qui est facile, mais qui est prospère. Ils y entrent sans dire, bien entendu, qui ils sont, et puis, lorsqu'ils se sentent en majorité, ils s'emparent de la direction et font de la société une coopérative socialiste. Malheur à qui résiste, il est expulsé; on a vu plus haut quels abus de force commettent en ce sens les majorités.

1. Si les socialistes ne s'étaient pas sentis en majorité, ils auraient agi autrement. L'année suivante (1901), un congrès coopératif anglais fut suivi d'un banquet donné à Rochdale, berceau de la coopération anglaise. Ce banquet, suivant la coutume anglaise, commença par une prière et se termina par un *toast* au roi. Les socialistes français présents écoutèrent debout comme les autres assistants et furent très convenables. Ils se sentaient dépaysés et pas en nombre.

Quel moyen d'éviter un pareil danger? C'est d'écrire dans les statuts, même d'une simple société de consommation, que ceux-là seuls seront admis qui déclareront par écrit qu'ils professent la foi chrétienne et sont partisans de la propriété privée et opposés aux doctrines socialistes. On dira évidemment : c'est donner une tournure confessionnelle à une société qui n'en doit pas avoir, etc. C'est surtout faire acte de sagesse et se préserver d'une invasion qui autrement s'opère lentement, hypocritement, mais sûrement (il y en a des exemples; les socialistes eux-mêmes s'en sont vantés). C'est préserver l'avenir de la Société et empêcher le fruit des efforts de ses membres de servir à l'élection de M. Jaurès ou de M. Millerand ou bien à la propagation de la *Lanterne* ou des publications de M. Charbonel ou analogues. Il y a là un point important et fort à recommander. Les Belges ont opposé des coopératives catholiques aux coopératives socialistes qui encore chez eux se fondent ouvertement et l'exemple de ce peuple très pratique n'est nullement à dédaigner.

C. — LE MOUVEMENT EN ALLEMAGNE

Il est assez récent, mais avec la force du parti socialiste allemand, il a pris de suite de l'expansion et surtout, ce qui caractérise les fondations du parti : une allure arrogante et envahissante.

C'est l'an dernier (1902) que le *Mouvement socialiste* (I, 867) signalait « un fait nouveau : l'entrée en ligne de l'élément ouvrier socialiste, ce qui est une conséquence d'un profond revirement dans l'opinion de la démocratie sociale allemande laquelle vient du succès des sociétés belges et de l'influence de Bernstein ». Cette « entrée en ligne » fut suivie d'une rupture éclatante entre ces sociétés et les coopératives non-socialistes.

Les unes et les autres faisaient partie d'une *Union* qui groupe la plupart des coopératives allemandes et a ses congrès annuels. Au dernier congrès, celui de Kreutznach tenu en septembre 1902, le Dr Crüger, directeur de l'*Union,* déclara qu'il ne pouvait laisser la politique s'introduire dans la coopération, où les coopératives socialistes ont souvent à leur tête des personnages politiques très militants et de plus elles servent ouvertement d'instruments au parti socialiste, soit pour lui faire des recrues, soit pour lui procurer des ressources. Le but que poursuit l'ensemble des coopératives et celui que se proposent les coopératives socialistes est donc absolument opposé : « Nous espérons soutenir les classes moyennes, vous, socialistes, vous prétendez les détruire. Nous ne voulons pas jouer à cache-cache, pourquoi êtes-vous entrés dans notre Union? Dans l'espoir d'obtenir la majorité et de vous servir de notre organisation? Nous vous avons prévenus à Hanovre et à Bade que votre place n'était pas ici. Vous êtes en contradiction avec nos statuts [1]. »

Les socialistes se montrèrent très violents suivant leur habitude et enfin leurs coopératives furent exclues de l'Union par 268 voix contre 84. Elles étaient pourtant au nombre de 99 dont 66 appartiennent à l'*Union socialiste* des coopératives de consommation saxonnes. Elles se groupent actuellement autour de la Société d'achats en gros de Hambourg qui se trouve elle-même parmi les exclues.

Il y a au moins dans cette situation un avantage

1. Le récit du conflit est rapporté en détail dans l'*Économiste français* du 25 octobre 1902.

qui, on l'a vu, ne se trouve pas toujours en France, c'est que la position est nette : on sait désormais que telle coopérative est ou non socialiste et les situations franches sont toujours préférables.

Les socialistes qui font pour gagner les populations ouvrières de l'Autriche de grands et incessants efforts essaient aussi du moyen coopératif et le *Mouvement socialiste* (1902, II, 624) nous apprend la fondation par quelques « hommes de confiance » du parti d'une coopérative socialiste le *Vorwaerts*. Ce titre, qui est l'exacte reproduction du mot *Vooruit*, et qui est aussi le nom du journal principal du parti socialiste allemand, semble servir de désignation aux fondations socialistes.

Je n'ai pas craint de m'étendre sur ce mouvement des coopératives socialistes parce qu'il est récent, pas toujours connu et parce qu'il importe d'en avertir le public et de bien aviser ceux qui, avec plus de bon vouloir que de réflexion et de logique, donnent leur appui à ces coopératives, qu'ils travaillent ainsi au succès de doctrines anti-religieuses et anti-sociales.

CHAPITRE IV

LA COOPÉRATION AGRICOLE

On peut entendre ce mot dans deux sens, ou bien il désignera le travail en commun, l'exploitation d'un domaine par le travail associé, ce qui serait une sorte de coopérative de production, ou bien il s'appliquera à des institutions qui rendent plus facile, ou plus économique, ou plus lucratif le travail individuel des associés. On pourra encore l'entendre d'établissements faits pour arriver à la manipulation en commun de certains produits.

§ 1. — Culture en commun.

On a vu que le travail en commun, ou pour mieux dire la production en commun se trouvait dans l'industrie, au moins dans une certaine mesure ; quelques penseurs ont songé à l'appliquer au travail agricole. Les avantages du procédé sont visibles : la culture individuelle est souvent routinière, elle rend difficile si même elle n'exclut pas l'emploi des machines ; le sol étant très morcelé on perd du terrain et des forces à cette culture confuse qui fait qu'un petit propriétaire a dix, trente parcelles distinctes. Comme il serait préférable que l'on mît le tout en commun! chacun, si l'on veut, gardant son droit de propriété, mais la culture serait commune. On ferait produire à chaque partie du sol ce qu'il est le plus apte à produire, on aurait les avantages de la culture en grand, chaque propriétaire aurait sa part des produits et une part meilleure qu'actuellement.

Théoriquement tout cela est beau, mais ce ne serait pas pratique. Le cultivateur-propriétaire entend travailler sa terre à sa façon et il lui fait, par ses soins, donner plus que ne semble comporter son mode de travail; il atténue par là les inconvénients du morcellement et de l'exiguïté des parcelles. Croit-on vraiment qu'il apporterait le même zèle, la même économie à un travail fait sur une terre commune et sous la direction d'un autre? Croit-on même qu'il consentirait à mettre ainsi en commun sa terre, à subir les exigences et les ordres d'un chef, dont il ne serait pas le salarié et qui ne le paierait pas?

Il suffit de voir combien est arriérée la culture russe; c'est que les terres pour la plus grande partie y sont communes. On fait des partages annuels, chaque paysan ayant la jouissance d'un lot, mais il n'y fera jamais ce qu'il fera sur sa terre à lui. Au surplus un essai a été fait en terre française, en Algérie, et voici comment il est raconté par son auteur le maréchal Bugeaud dans la *Revue des Deux Mondes* du 15 juillet 1848. On sait que cet illustre homme de guerre s'occupait beaucoup et pratiquement des questions agricoles, voulant mettre à exécution sa maxime *ense* et *aratro* (par l'épée et par la charrue).

« Voulant faire un essai de colonisation militaire, afin de pouvoir appuyer sur des faits les propositions que j'avais à présenter au gouvernement, je fondai autour d'Alger, en 1842, trois villages avec des soldats. L'un, Fouka, le fut avec des libérés ; les deux autres, Mered et Mahelma, avec des hommes qui devaient encore à l'État trois ans de service. Je soumis les colons au travail en commun. Cela était d'autant plus praticable, selon moi, que, jouissant des vivres et de la solde, ils devaient attacher moins d'importance au produit de leur peine. Ce produit devait former un fonds commun destiné au bout de trois ans à faire les frais du mariage et à procurer à tous uniformément le mobilier de la maison et de l'agriculture.

« Dès cette époque, je connaissais les difficultés de l'association des travailleurs, ma pratique me les avait révélées, mais j'espérais que la discipline et les habitudes de la vie militaire qui constituent une sorte de communauté effaceraient, ou du moins atténueraient les inconvénients : « Vous êtes des camarades et des frères, dis-je aux colons, et à ce double titre, vous souffririez si, à l'époque favorable pour le mariage, quelques-uns d'entre vous n'avaient pas le moyen de s'établir, par suite de maladie ou d'autres accidents. » Je remarquai qu'ils reçurent froidement ma proposition et qu'en réalité ils ne l'aceptèrent que par déférence et par discipline.

« Je fis faire le partage des terres pour exciter l'émulation par l'attrait de la propriété, et chaque colon eut la faculté de travailler, un jour par semaine, dans son champ. Pendant la première année, il y eut assez de zèle, il ne me parvint qu'un petit nombre de plaintes contre les paresseux. Il est vrai que je maintenais l'ardeur et la satisfaction par de fréquents envois de troupeaux prélevés sur les razzias que nous faisions subir aux Arabes. Ces troupeaux formaient la principalé masse du fonds commun et nul n'y avait plus de droit qu'un autre, puisqu'ils n'étaient pas le produit du travail.

« Au retour d'une expédition prolongée, j'allai visiter mes trois petites colonies, en commençant par celle de Mered. C'était à la fin de septembre 1843. Ordinairement, j'étais accueilli avec joie par les colons militaires, qui me considéraient comme leur bienfaiteur et m'appelaient leur père. Cette fois, c'était un dimanche, je les trouvai mornes et presque impolis. Ils étaient appuyés contre leur porte et ne se dérangèrent pas pour venir m'entourer selon leur coutume. Je compris qu'il y avait quelque chose d'extraordinaire.

« Je fis appeler l'officier, et celui-ci étant absent, je m'adressai au sergent-major pour connaître les causes du découragement dont je venais de remarquer les symptômes.

— « Mes hommes ont bien raison d'être tristes, dit le sergent-major, ils perdent la plus grande partie de leurs récoltes; ils l'attribuent au travail en commun, ils ne veulent plus de ce régime, ils vont vous demander de les désassocier. — Mais comment perdent ils leur récolte? Ils ont moissonné dans les premiers jours de juin et nous sommes à la fin de septembre; elle devrait être au grenier depuis longtemps. — Vous avez raison, mon gouverneur, cela devrait être ainsi, mais on ne travaille pas et nous n'avons pas encore dépiqué le tiers de l'orge et du froment. Comptant sur la prolongation habituelle du beau temps, nous n'avons pas eu la précaution d'enlever les gerbes des meules perpendiculairement, nous avons pris ce qui formait toit sur toute la surface du carré long, les deux orages qui sont survenus ces jours-ci ont imbibé nos meules et tous nos grains ont germé. »

« Je me transportai aux meules et je les vis herbacées sur toutes les faces, je fis aussitôt rassembler les colons, ils formèrent le cercle autour de moi et nous eûmes le dialogue suivant :

— « Comment se fait-il, mes amis, qu'ayant récolté en juin, vous n'avez pas encore dépiqué à la fin de septembre? — C'est, me fut-il répondu, c'est que nous ne travaillons pas. — Et pourquoi ne travaillez-vous pas? — Parce que nous comptons les uns sur les autres, que nous ne voulons pas en faire plus l'un que l'autre, et qu'ainsi nous nous mettons au niveau des paresseux.

« Croyez-vous, mon gouverneur, que si nous avions eu chacun notre part de ce blé, il ne serait pas dépiqué depuis longtemps? Nous en aurions déjà fait plus du double. Cela ne peut plus aller ainsi; nous vous prions de nous désassocier. — Oui, oui! » s'écrièrent tous les colons, même les paresseux. Ces mots : nous nous mettons au niveau des paresseux m'avaient trop frappé pour que je ne fusse pas résolu à renoncer au travail en commun, mais je crus devoir ne pas céder trop vite et je fis appel aux sentiments de fraternité dont je tenais à bien juger la portée. « Comment, mes amis, comment, répliquai-je, vous êtes tous camarades du même régiment (le 84ᵉ), vous vous êtes choisis volontairement, vous êtes tous jeunes et robustes, vous ne formez en quelque sorte qu'une famille de frères, et vous ne savez pas vivre et travailler en commun sans calculer si l'un en fait plus que l'autre? — Mon gouverneur, nous nous aimons beaucoup, et malgré cela, il n'y a pas d'émulation pour le travail; on ne croit pas travailler pour soi quand on travaille en commun. Ce sera bien pis quand nous serons mariés, nos femmes s'accorderont moins bien que nous pour le travail et pour tout. Ce sera un enfer. Si nous vous prouvions que nous avons plus produit dans le jour par semaine que vous avez accordé à chacun, que dans les cinq jours de la communauté, vous ne refuseriez pas de nous désassocier. »

« Je procédai immédiatement à la vérification de ce fait. J'appréciai successivement les soixante-sept récoltes individuelles; des officiers écrivaient mes appréciations et l'addition donna en effet une somme supérieure d'un cinquième à l'ensemble des récoltes de la communauté. Cette opération terminée, je réunis de nouveau les colons. Je leur déclarai que les résultats de cette enquête me décidaient à établir parmi eux le travail individuel, mais je les prévins que, puisqu'ils se croyaient capables de se suffire à eux-mêmes en se séparant, je leur retirerais les vivres et la solde. Ils accueillirent cette déclaration par un consentement unanime.

« Mered avait absorbé ma journée. Le lendemain, je visitai Mahelma et Fouka. J'y trouvai les mêmes répugnances pour le travail en commun. On me les exprima dans les mêmes termes en s'appuyant sur les mêmes motifs. Cependant on ne s'était pas concerté. Ces villages, situés à six lieues l'un de l'autre, n'avaient aucune relation entre eux. Je chargeai un sous-intendant de distribuer le fonds commun et les troupeaux de la manière la plus équitable et l'association fut rompue. Aussitôt on vit renaître chez le plus grand nombre une grande émulation et, à la fin de 1845, ces trois villages étaient de beaucoup les plus prospères du Sahel, seulement il y avait de grandes inégalités dans cette prospérité. M. Petrus Borel, inspecteur de la colonisation, signala, dans un rapport, des colons de Mered qui avaient pour 5 ou 6.000 francs de bestiaux en tous genres, tandis que d'autres n'avaient pas même conservé ceux qui leur étaient échus en partage et n'avaient pas assez de récolte pour vivre. »

Cet exemple est assurément très fort puisque l'association avait été tentée dans des conditions particulièrement avantageuses et que le travail associé mis en face du travail individuel s'était montré fort inférieur (en matière agricole ne l'oublions pas). Une autre tentative faite dans des conditions un peu différentes, mais toujours en matière agricole, n'eut pas meilleur succès.

La tentative du maréchal Bugeaud avait eu quelque chose de forcé puisque les intéressés avaient été associés malgré eux, l'*Union du Sig* était formée au contraire d'associés tous volontaires et, bien plus, de disciples d'une idée. C'étaient des disciples de Fourier qui, en 1846, après avoir formé une société civile très régulière — ils étaient 448 — obtinrent du gouvernement en Algérie, une concession, comprenant 3.095 hectares de terres fertiles. Il s'agissait d'organiser suivant les données du maître le « travail sociétaire » et l'occasion était belle puisqu'on avait un terrain étendu dans un pays neuf, des capitaux et des hommes animés d'une même foi. Voici pourtant ce qu'écrivaient le 1er janvier 1851 quelques membres de la société ; leur plainte est reproduite dans le *Bulletin de l'Union du Sig* organe de la société, publié à Besançon (15 août 1851) :

« Depuis quatre ans, sans tenir compte du produit des récoltes, l'*Union* a coûté la somme de 309.257 fr. sur celle de 437.860 francs montant des actions souscrites au 25 juillet et sur la rentrée desquelles on peut raisonnablement compter et cependant l'enceinte n'a pas été encore complètement close. Aucune habitation définitive n'a été entamée, 300 hectares au plus sont en bon état de culture et de plantation, le nombre des sociétaires (sans doute présents sur le domaine) n'atteint pas dix, l'effectif des troupeaux atteint au plus le dixième des chiffres définitifs que nous nous sommes imposés.

« Ce n'est point tout encore, depuis quatre ans l'*Union* est exploitée par des salariés. Le régime sociétaire n'a pas été essayé et depuis quatre ans le produit des récoltes a toujours été absorbé d'avance. »

Les signataires terminaient en engageant leurs coreligionnaires à payer enfin de leur personne et à venir fonder l'association intégrale qui était le fond de la doctrine du maître. Ils demandaient cinquante adhérents.

Ils ne paraissent pas les avoir trouvés, car en 1863 l'*Union du Sig* avait renoncé au tiers de sa concession. Les sociétaires semblent s'être bornés à verser le montant de leur souscription.

Telles sont les seules tentatives de culture en commun faites en France ou dans nos colonies, au moins à ma connaissance. On n'en peut non plus citer à l'étranger, si l'on excepte un certain nombre d'essais, peu réussis d'ailleurs, faits en Amérique par différentes sectes communistes. Mais ce n'est plus de la coopération, c'est la vie commune et avec la pratique souvent d'une morale à part et peu louable[1].

Il est quelquefois question en Angleterre de fermes coopératives, de domaines coopératifs agricoles, ce sont ou quelques domaines dans lesquels les propriétaires donnent une partie des bénéfices à leurs tenanciers ou surtout des fermes fondées par les coopéra-

1. La communauté des femmes par exemple.

tives de consommation au même titre que leurs usines, c'est-à-dire pour en avoir les produits et en étant pour les salariés ou les fermiers des propriétaires ordinaires.

§ 2. — Les laiteries coopératives.

On comprend sous ce titre assez impropre des coopératives rurales qui sont établies pour produire en commun les unes du fromage, les autres du beurre.

Les Fruitières (c'est le nom assez étrange que l'on donne à des sociétés destinées à produire des fromages) se rencontrent, en France, presque exclusivement dans deux provinces : en Savoie et en Franche-Comté, et sont fort anciennes ; elles datent du moyen âge. Comme il est difficile à des paysans qui n'ont parfois qu'une ou deux vaches de faire eux-mêmes du fromage qui est le seul moyen de tirer parti du lait, le principal produit d'un pays tout en pâturage, ou comme ils le feraient mal, on a d'ancienneté entretenu dans chaque village et à frais communs quelques faiseurs habiles qui travaillent le lait fourni par tous les habitants. Quant au produit, tantôt c'est la *Fruitière* qui se charge de le vendre (en gros) et le prix est réparti entre ceux qui ont apporté leur lait dans la proportion de ce qui a été fourni par chacun, tantôt on remet en nature à chaque membre le produit de un ou de plusieurs jours de fabrication suivant l'importance de ses apports en lait.

Associations pour faire du beurre. — A la différence des précédentes, ces sortes d'associations sont modernes et très modernes, car elles ne remontent pas à un quart de siècle; elles sont une conséquence de la tournure que prend maintenant le commerce des denrées agricoles.

Les produits agricoles, le beurre en particulier, se vendaient jadis presque sur place, c'est-à-dire dans la ville la plus proche; aujourd'hui, bien que les populations urbaines se soient accrues en nombre et en richesses, le marché local est insuffisant pour la plupart de nos producteurs agricoles, ils visent l'expédition dans les grandes villes même éloignées et ils visent les expéditions à l'étranger. Il y a entre autres un pays qui, s'étant donné tout à l'industrie et au commerce, vit surtout de ce qu'il tire du dehors : c'est l'Angleterre. La commodité et la célérité des moyens de transport sont tels qu'on vend, sur les marchés de Londres, du beurre de Danemark, des viandes fraîches d'Australie, c'est-à-dire provenant de bêtes tuées et débitées en Australie, des fruits frais de Californie et des œufs de Sibérie.

Le marché anglais est très recherché et actuellement très disputé, or on constate avec surprise que l'un des principaux fournisseurs, sinon même le principal, c'est un petit pays du continent qui ne semble pas d'abord, par sa situation ni par son sol, destiné à faire un producteur de denrées agricoles : le Danemark. Il a supplanté sur ce marché la Bretagne et la Normandie qui le fournissaient jadis et qui pourtant sont bien mieux placées et ont un sol et un climat plus favorables. Le petit Danemark exportait en 1901 pour 365 millions de produits agricoles. Sur 127 millions de produits achetés au dehors par la *Wholesale* anglaise 57 % venaient du Danemark et 7 % seulement venaient de France.

Les laiteries danoises. — Pourtant c'est un économiste danois, M. Fredericksen, qui écrit (*Monde économique* du 27 juin 1903) : « On parle beaucoup à l'heure actuelle du progrès de l'agriculture dans mon pays de Danemark. En réalité, elle est moins avancée qu'en Angleterre, en Hollande, en Belgique, que dans une grande partie de la France... ce qui est remarquable c'est la pratique de la coopération parmi nos paysans propriétaires pour les laiteries, les abattoirs, la vente des œufs. » C'est dire assez clairement que l'institution coopérative a fait la prospérité du pays. C'est en effet de la création de ces divers établissements coopératifs que date la prospérité commerciale danoise. Les Danois ont eu le mérite de comprendre ou de deviner que le beurre fabriqué en grand et avec un soin rigoureux serait, sur un vaste marché étranger, d'une meilleure et plus facile vente que le beurre fait par beaucoup de petits paysans, différant de valeur entre eux et se conservant mal parfois [1]. »

« Aujourd'hui, écrivait en septembre 1902 M. de Seillac, il existe en Danemark où la première laiterie a été établie en 1882, 1.055 laiteries coopératives avec 140.000 sociétaires. Sur un million de vaches qui vivent dans le pays, 850.000 sont des vaches coopératives qui ont donné 3.700 millions de litres de lait, 137 millions de livres de beurre [2]. »

Laiteries françaises. — Nous avons en France,

1. En Normandie il y a maintenant de vastes usines où la manipulation du beurre se fait en grand. On fond et on remanie les beurres achetés dans tous les marchés du pays pour en faire des produits homogènes qui s'expédient à l'étranger et jusqu'au Brésil; mais ce sont des établissements propriétés d'un fabricant et n'ayant aucun caractère coopératif.

2. D'après l'*Émancipation* d'août 1903, les paysans hollandais grands producteurs de beurre se sentant menacés par la concurrence danoise ont fait, eux aussi, des beurreries coopératives. La première date de 1880 et il y en a aujourd'hui 498 traitant de 600 à 700 millions de kil. de lait.

nous aussi, des laiteries coopératives et M. de Rocquigny, un spécialiste, recensait (*La coopération de production dans l'agriculture*) de 25 à 30,000 adhérents de laiteries coopératives dans la Charente où, à vrai dire, le mouvement s'est développé surtout, car on constate avec surprise qu'il n'y a point de laiteries coopératives en Normandie, pays spécial pour l'élevage et renommé pour son beurre uniformément connu sous le nom de beurre d'Isigny. Le grand débouché des laiteries de la Charente est Paris.

Ces laiteries et leurs voisines, celles du Poitou, se sont fédérées en une Association centrale qui, d'après ses statuts, « a pour mission de s'occuper des intérêts des associations adhérentes, de leur faciliter les relations industrielles et commerciales, de centraliser tous les renseignements pouvant leur être utiles, d'appuyer leurs réclamations auprès des pouvoirs publics ou des grandes administrations publiques ou privées, de patronner la création d'offices de renseignements, d'entremise et de surveillance pour la vente des produits, l'acquisition des machines et de toutes choses utiles à l'industrie laitière ». La question des débouchés est en effet dominante et lorsque l'on voit partout se créer des laiteries perfectionnées (en 1895 la Nouvelle-Zélande avait pour son compte 234 laiteries travaillant le lait de 70,000 vaches ; elle expédiait surtout en Angleterre), on sent qu'il est nécessaire de se maintenir au même niveau que les concurrents.

Comment s'établissent et fonctionnent les laiteries coopératives. — Un groupe de propriétaires possédant un nombre suffisant de vaches (il faut pouvoir compter sur un *minimum* de 2,000 litres de lait à travailler par jour) s'engagent réciproquement à fournir à l'établissement projeté tout le lait de leurs vaches, sauf celui indispensable à leurs besoins personnels. Le capital nécessaire qui va à 40.000 ou 50.000 francs pour une usine moyenne, est fourni par les sociétaires ou emprunté par eux sur leur garantie solidaire. D'ordinaire on convient que le capital sera amorti sur les bénéfices. Dans les laiteries danoises et allemandes, l'amortissement, en moyenne, a lieu en dix ans.

L'établissement installé, les fondateurs choisissent le personnel, lequel se compose d'ordinaire : d'un directeur comptable, d'un mécanicien et d'un ou plusieurs « beurriers ». La société sera gérée comme toute société de ce genre, par un conseil d'administration assisté d'une commission de contrôle.

Les profits viennent de la vente du beurre et de celle du petit lait, à moins qu'il ne soit rendu aux sociétaires. Les Danois, gens fort pratiques, emploient ce petit lait et les résidus de la fabrication à élever des porcs que les laiteries tuent et salent elles-mêmes et qu'elles expédient en Angleterre où leur marque est recherchée. Une quarantaine de sociétés françaises du premier groupe (Charente) ont aussi organisé des porcheries. Le produit des ventes après prélèvement des frais et du *quantum* convenu pour l'amortissement est partagé entre les sociétaires en proportion de la quantité de lait livrée par chacun d'eux.

Les éleveurs des Charentes obtiennent de leur lait, assure M. de Rocquigny, par la fabrication en commun, un rendement au moins double de celui qu'ils obtenaient par la fabrication individuelle. Il faut dire qu'ils n'ont pas craint de faire les choses en grand et d'avoir des laiteries où l'on travaille 6.000, 9.000 et jusqu'à 24.000 litres de lait par jour. Ainsi voilà un pays dont les vignobles autrefois faisaient la richesse qui, se trouvant ruiné par le phylloxera, a su trouver ailleurs une source d'abondants produits. Exemple bien digne d'être proposé aux cultivateurs trop facilement découragés et trop portés à croire qu'il est impossible de modifier le genre de rendement du sol.

A Besançon fonctionne un « Syndicat des fruitières de Franche-Comté » qui a pour but : 1° de défendre les intérêts communs de tous les producteurs de fromages de gruyère ; 2° de prendre les mesures nécessaires pour former de bons « fromagers » ; 3° de veiller à l'exécution des marchés passés entre les membres du syndicat et les marchands, ceux-ci cherchant tous les prétextes pour diminuer les prix qu'ils se sont engagés à payer ; 4° d'organiser l'inspection des chalets, veiller à la loyauté de la fabrication des produits et poursuivre les fraudes qui pourraient en diminuer le bon renom.

§ 3. — Autres sociétés de production en commun.

Boucheries coopératives. — Il s'agit de boucheries créées non par les consommateurs comme celles dont il a été question précédemment au chapitre des *sociétés de consommation,* mais par des producteurs, par des éleveurs et c'est encore le Danemark qui en a pris l'initiative. « Cette industrie, écrit M. de Rocquigny, date de 1888. Son origine fut une prohibition momentanée de l'entrée des porcs danois en Allemagne où ils se vendaient auparavant pour l'approvisionnement des ateliers de salaisons de Hambourg. La nécessité contraignit les producteurs danois à entreprendre eux-mêmes la préparation des salaisons du porc et ils y appliquèrent les mêmes principes que ceux en vigueur dans les laiteries coopératives. Vers la fin de 1895, les ateliers coopératifs de salaisons étaient au nombre de 16 et tuaient plus de la moitié des animaux engraissés dans le pays : 510.000 porcs par an. »

De même que les laiteries, les ateliers de salaisons se fondent au moyen d'emprunts contractés sous la garantie des sociétaires solidairement responsables. Ceux-ci, en outre, s'engagent pour un certain nombre d'années, sept ou dix ans, soit à fournir à l'association tous les porcs qu'ils élèvent pour la vente, soit à lui en livrer annuellement un nombre déterminé. Le cours d'achat des animaux est fixé chaque semaine, par un comité nommé à cet effet et il est rendu public, les éleveurs sont payés comptant et ont droit, en outre, à une part des bénéfices de la société proportionnelle au poids total des porcs qu'ils ont livrés. Toute la production des ateliers coopératifs est vendue, à la commission, sur le marché anglais qui absorbe annuellement pour 55 millions de francs de porc salé (*bacon*) d'origine danoise.

Cuvées coopératives. — C'est encore à l'étranger qu'il nous faut aller chercher des exemples. Ainsi en Allemagne notamment, les viticulteurs des bords de la Moselle s'affligeaient de voir les crûs jadis renommés de leur pays délaissés du commerce et des consommateurs; ils attribuaient cet abandon à la fois à une fabrication insuffisamment soignée et à l'extrême diversité des produits qui était cause qu'on avait, sous le nom de vin de la Moselle, des vins très distincts comme qualité. Ils ont bien su remédier à ces défauts par l'association. Grâce à elle, la fabrication est excellente, parce qu'elle se fait par les meilleurs procédés; tout le raisin du crû est travaillé de même et les types sont fixes; les acheteurs sont assurés d'avoir, avec la marque du syndicat, une qualité constante et connue d'avance. Le vin est vendu par l'association, soit en gros, soit en détail, et le bénéfice net est réparti entre les producteurs, au prorata de la quantité de raisin apportée par chacun d'eux. Le vin des caves rhénanes est recherché et on estime que le profit des cultivateurs est double de ce qu'il était avant.

Conserves de fruits. — Il est difficile d'envoyer au loin des fruits frais. On le peut assurément avec les procédés modernes et on le fait, mais la dépense est élevée et les résultats sont incertains, on les expédie plutôt sous forme de conservesou de fruits séchés. En Californie, des sociétés se sont fondées pour permettre ainsi aux propriétaires de vergers de faire de leurs fruits, qui sont très abondants, des conserves de toutes sortes. Le seul comté de Santa-Clara (un comté est une sorte de grand arrondissement ou de petit département) en a trente-quatre très actives.

Dans notre pays, on peut citer une fondation de ce genre, qu'il faut rapporter à titre d'exemple et pour montrer ce que peut une heureuse initiative. Les habitants de la petite commune de Rocquevaire, en Provence, récoltent une assez grande quantité d'abricots. Ils les envoyaient sur le marché de Marseille où parfois la vente ne couvrait même pas les frais d'envois. Ils organisèrent une fabrique de conserves qui occupe leurs femmes et leurs filles et bientôt leurs produits furent recherchés à Paris, Lyon, Bordeaux et même à l'étranger par les épiciers en gros, pâtissiers, confiseurs etc. Le bénéfice par rapport à l'ancien procédé de vente des fruits frais s'élève net à 30 et 40 %. Comme pour les autres associations les profits sont partagés entre les sociétaires en proportion des quantités que chacun a fait travailler.

M. de Rocquigny nous assure que le succès de la société en a fait établir d'analogues dans quelques endroits voisins.

Le même auteur nous raconte la curieuse histoire des câpres de Roquevaire. Ces câpres sont, paraît-il, le produit principal du pays, les abricots ne sont que l'accessoire. Or ces câpres ont au dehors, et même en dehors de France, une réputation tenant à la fois à leur qualité et à l'excellence de la préparation. Cette réputation des produits de Roquevaire a été compromise par des marchands du pays qui achetaient, en dehors de la région, des câpres de qualité inférieure et les vendaient comme venant de l'endroit. Une association fut fondée en 1893 par 300 membres pour sauver la réputation du produit local.

Elle traite uniquement les câpres cultivées par ses membres, emploie d'abord à la manipulation du produit qui est longue, les femmes et les filles des associés auxquelles elle procure ainsi un salaire, puis elle vend ce produit sous une marque qui est déjà connue et estimée sur les marchés étrangers. Le produit net est partagé entre les associés, suivant les quantités apportées et suivant aussi la qualité, car il y en a plusieurs payées à des prix très différents.

En outre, la plupart des associés ne pouvant attendre le règlement de fin d'année, la société leur fait, au taux de 4 %, des avances qui peuvent s'élever jusqu'au quart de ce qui leur reviendra vraisemblablement. Le fonds de roulement est fourni par la vente journalière des câpres; au besoin un banquier de Marseille avance des fonds sur la signature d'un président qui, d'après les statuts, engage solidairement les membres de l'association.

§ 4. — Sociétés d'achat en commun.

Ce sont les coopératives de consommation déjà décrites, mais celles de ces sociétés qui sont situées à la campagne ont une origine et parfois un tour particuliers qu'il faut marquer.

Jusqu'en 1884 les seules coopératives créées dans les localités rurales étaient des boulangeries, et qui encore ne se trouvaient guère que dans le Sud-Ouest. A ce moment fut votée la loi sur les syndicats professionnels lesquels sont tout autre chose que les coopératives, mais qui indirectement donna une sérieuse impulsion au mouvement coopératif et voici comment.

Les Syndicats. — Un Syndicat professionnel est, aux termes de la loi de 1884 qui les a déclarés licites, une association faite par des gens de même profession pour l'étude ou la défense de leurs intérêts communs. C'était fort bien, mais lorsque les hommes d'initiative qui se trouvaient dans nos campagnes voulurent user de la faculté que concédait la loi nouvelle, ils se trouvèrent en présence de l'inertie des paysans, qui ne savent pas s'associer, qui ne savent pas agir, qui craignent toujours et d'agir et de s'associer. Pour les déterminer, il fallait leur montrer quelque intérêt matériel, sensible, palpable. On commençait alors à user des engrais artificiels et les cultivateurs qui en achetaient étaient souvent trompés par les courtiers ou les marchands. Les fondateurs des syndicats eurent l'idée de passer des marchés avec quelques maisons sérieuses qui s'engageaient à fournir aux syndiqués des engrais de bonne qualité moyennant un prix fixé. Les paysans alors sentirent très bien l'utilité des syndicats et y entrèrent volontiers.

Comme les syndicats ne sont pas faits pour vendre ni pour acheter, ils se bornaient d'abord à servir d'intermédiaires. Ils choisissaient les marchands d'engrais, s'assuraient des qualités et convenaient des prix, et puis les cultivateurs syndiqués s'adressaient directement à ces marchands et les payaient eux-mêmes. Mais les petits cultivateurs, qui n'ont besoin que de très faibles quantités, auraient préféré les pouvoir prendre au siège même du syndicat. De plus, à présent qu'ils avaient constaté quelles différences de prix et de qualité il y avait, grâce à l'intervention du syndicat, ils auraient voulu acheter par son intermédiaire tout ce dont ils avaient besoin ; non seulement ce qui est nécessaire à la culture : machines, fils de fer, semences etc., mais les objets même utiles à la vie courante : denrées coloniales, étoffes etc. Plusieurs syndicats se décidèrent alors à créer des coopératives, mais à l'usage de leurs seuls membres. Quelques-unes de ces sociétés, dans les Charentes surtout, devinrent très prospères. Bien entendu les deux associations sont distinctes : le syndicat d'une part, la coopérative de l'autre, mais, en fait, les directeurs du syndicat ont fondé la coopérative et ne se désintéressent pas de sa conduite; car ce sont des syndiqués seuls qui en font partie. Seulement la forme légale est distincte pour les deux associations et cette différence de forme emporte une différence dans la responsabilité; les membres des syndicats ne doivent que les cotisations annuelles lesquelles peuvent être insignifiantes, alors que les membres d'une coopérative doivent, comme il a été expliqué, le montant de leur souscription ou de leur part sociale.

Ces coopératives constituent de véritables *filiales* des syndicats et en conséquence plusieurs d'entre elles versent au syndicat fondateur le montant de leurs *bonis* qui sont affectés à des œuvres de prévoyance ou d'assistance. En 1900, d'après M. de Rocquigny, la coopérative fondée par le syndicat du Sud-Est lui avait versé ainsi plus de 21.000 francs que le syndicat n'aurait pu se procurer autrement, puisqu'il ne fait pas d'opérations lucratives.

§ 5. — Sociétés pour la vente en commun.

Les agriculteurs sont au total vendeurs plutôt qu'acheteurs puisqu'ils vivent surtout de la vente de leurs produits et si on leur rend service en les mettant à même d'avoir à meilleur prix les engrais, semences etc., on leur est plus utile en leur procurant les moyens de vendre leurs produits à un prix rémunérateur. On sait, en effet, quelle différence il y a entre le prix payé au producteur et celui de revente au consommateur; c'est parfois 100, 200 %. Ne pourrait-on, dans l'intérêt des uns et des autres, des producteurs et des consommateurs, supprimer ou diminuer au moins ces intermédiaires si coûteux? On l'a tenté, on a eu des résultats partiels, mais la difficulté est bien plus grande que pour les achats.

Difficultés de l'opération. — Ainsi le *Syndicat des agriculteurs de France*[1], qui se charge d'acheter et

1. Ne pas confondre avec le *Syndicat agricole économique de France* qui ne vend ni n'achète, mais s'occupe seulement de propagande et de défendre vis-à-vis des pouvoirs publics les besoins des agriculteurs (M. de Kergall, directeur).

vendre pour le compte de ses membres, moyennant une commission de 2 % sur les affaires, avait, de 1886 à 1900, fait pour 64 millions d'opérations, sur quoi les ventes comptaient pour 9.650.000 francs seulement. C'est qu'en effet le syndicat qui propose une vente n'a pas, par devers lui, les marchandises à livrer et il a toujours à craindre d'être trompé par le paysan, toujours disposé à écouler au loin ses produits défectueux parce qu'il est convaincu que l'acheteur ne peut pas réclamer.

C'est ainsi (le fait est cité par M. de Rocquigny) que le syndicat de Paimpol, qui expédiait à Londres des pommes de terre hâtives, vit se fermer cet excellent marché par suite des mauvaises livraisons faites en fraude par plusieurs syndiqués. Même chose arriva au syndicat de Romorantin pour les asperges. Il ne s'agissait heureusement pas de la perte d'un marché entier, mais d'un seul client, très bon, à la vérité.

L'habile directeur de ce dernier syndicat (car ce sont des syndicats qui s'occupent de la vente et non des coopératives proprement dites, bien que cela puisse rentrer absolument dans leurs attributions) résolut de couper court à de telles pratiques et il fit décider par les syndiqués eux-mêmes qui en sentirent le besoin, qu'un contrôleur rétribué serait chargé d'examiner tous les produits expédiés au nom de l'association qui peut par suite les garantir.

Ainsi a fait le syndicat de Dijon pour les houblons ; il a nommé une commission de vérification permanente chargée de « contrôler les procédés de culture, cueillette, séchage, employés par les syndiqués, vérifier les récoltes en magasin suivant l'année, la provenance et la qualité, classer les houblons, vérifier, surveiller leur préparation et enfin faire apposer sur les balles la marque du syndicat accompagnée de toutes les indications propres à en assurer le contrôle ». Un agent commercial est préposé à la vente de ces houblons.

Le syndicat du Calvados vend les pommes de ses membres avec garantie de provenance (vallée d'Auge) et avec succès, car il en avait vendu six cents wagons en un an.

Un curieux exemple en ce sens est donné par une société danoise dite *Association coopérative d'exportation des œufs* décrite par l'*Économiste français* du 19 avril 1902. Les Danois ont voulu s'assurer l'excellent marché de Londres pour les œufs, comme ils l'ont déjà pour le beurre et le porc salé et pour cela les éleveurs membres de l'association (il y en a plus de 22.000) se soumettent à des réglements très stricts qui font leur réussite sur le marché anglais. L'association date de 1890, et est due à un zélé coopérateur danois, M. Faber. Voici quelles sont les règles suivies : « La coque de chaque œuf porte le nom de l'éleveur, marqué au moyen d'un timbre en caoutchouc, ce qui permet de reconnaître immédiatement d'où vient un œuf gâté et d'imposer une amende de 7 francs à celui qui l'a fourni, quand il y a récidive de sa part. Des dépôts sont installés en grand nombre le long des voies de fer qui desservent le pays, et les producteurs sont obligés d'y apporter leurs produits au moins trois fois par semaine; les apports sont contrôlés par un employé spécial qui a pleine autorité pour les refus, et sont payés au prix fixé par l'administration de l'association. Le contrôle, ou le mirage si on veut l'appeler ainsi, se fait au moyen d'un appareil des plus ingénieux, composé d'une bande sans fin qui entraîne les œufs au-dessus d'une lampe et qui permet une vérification des plus rapides; puis on procède à la classification par grosseur, ce qui s'exécute sur une table vitrée où les œufs ont à passer entre des barreaux qui calibrent leur volume. Toutes les opérations s'effectuent avec une rapidité et une sûreté remarquables. Et si par hasard, malgré tout, un dépositaire livre en Angleterre un œuf défectueux, il consent à payer une amende au profit du consommateur. On comprend que dans ces conditions, la clientèle anglaise préfère acheter des œufs danois ».

C'est dans de telles conditions que l'on réussit. L'association qui a pour but de mettre dans la production de la probité, dans l'expédition des produits de la célérité et de l'intelligence, cette association mérite d'être proposée en exemple.

Cave coopérative. — Faisons remarquer ici encore qu'il ne s'agit pas d'associations de consommateurs, mais de sociétés de producteurs, de viticulteurs. Et comme exemple voici celui que cite, en l'empruntant à un journal italien, l'*Émancipation* d'avril 1903. « Le 10 janvier dernier, l'*Union coopérative* de Milan a inauguré son grandiose magasin de vente pour les vins. Il est situé sur le boulevard Sempione et occupe une superficie de 4.000 mètres carrés qui vont bientôt être portés à 5.000, quand les constructions prévues seront terminées. Les caves sont immenses; la cave centrale à elle seule a près de 2.350 mètres carrés, son mobilier comprend des cuves en ciment pouvant loger 16.000 hectolitres et des foudres en bois d'une capacité totale de 20.000 hectolitres. Une cave souterraine est destinée à la mise en bouteilles et peut contenir 200.000 bouteilles. Les locaux pour la fabrication sont de plain-pied avec le sol. Toutes les opérations de la mise en cuve et du soutirage sont faites par des machines actionnées par l'électricité et de la technique la plus perfectionnée. Une grande coupole centrale, élevée de deux étages, distribue la lumière à toutes les parties de l'édifice. Il a reçu une décoration sobre et élégante pour servir de lieu de réunion lors de la future exposition de 1905. »

La Suisse possède aussi de ces associations vinicoles dont plusieurs, comme les fruitières, remontent au temps passé.

Relations de vente avec les coopératives. — Il a été souvent question dans les congrès des rapports d'affaires à établir entre les coopératives de production et celles de consommation, on a vu combien elles sont difficiles, la plupart des produits ouvrés par les sociétés de production ne sont pas destinés aux sociétés de consommation ; au contraire, il y a peu de coopératives de consommation qui n'aient besoin de produits agricoles. Il semble donc tout naturel qu'elles s'adressent de préférence aux groupes agricoles à forme coopérative (syndicats, etc.) et cependant rien n'est plus rare que de tels rapports, pourquoi? C'est que les associations agricoles ne sont pas encore organisées pour la vente au loin. Plusieurs coopératives de consommation se sont plaintes dans les congrès de n'avoir pu trouver, s'adressant à des syndicats ou coopératives agricoles, ce qui leur était nécessaire. Ou bien on leur offrait les denrées livrables au lieu de production, ou bien on leur faisait des conditions moins bonnes que celles des courtiers ordinaires; bref avec des dispositions réciproquement favorables on n'arrivait pas à traiter. Il y a là une situation spéciale qui devait être indiquée.

§ 6. — Autres associations.

Indiquons-les, en passant, mais sans les décrire en détail, car ce ne sont point proprement des coopératives, ce sont des syndicats, et toutefois les deux sortes d'institutions se rapprochent tellement que le même but pourrait être poursuivi — avec une constitution légale différente — par des coopératives.

Ce sont des *Associations pour l'emploi des machines agricoles*. L'association les achète lorsqu'il s'agit de machines qu'un seul cultivateur ne pourrait acquérir et en loue l'usage à ses membres. Parfois elle traite avec des entrepreneurs qui, étant assurés d'une suffisante clientèle, font aux associés des prix spéciaux.

On avait fait au moment de l'invasion du phylloxera des *sociétés pour la reconstitution des vignobles*. Elles fournissaient à leurs membres des plants américains (parfois elles avaient établi pour cela des pépinières), des greffeurs, donnaient aux sociétaires des indications, faisaient pour eux des analyses, établissaient des champs d'expérience, avaient même des services d'inspection.

A citer encore les *Associations pour préserver les récoltes* soit en détruisant les parasites, soit en les surveillant contre les maraudeurs, soit en les défendant de la gelée.

Les *Associations pour faciliter l'élève des bestiaux*. Elles tiennent, pour établir la pureté des races, des registres spéciaux : *Stud books* et *Herd books* imités des Anglais; elles achètent des reproducteurs de bonne race dont elles louent l'usage; elles distribuent des primes, etc. La Suisse surtout possède un grand nombre de ces sociétés.

Quelques-unes de ces associations cherchent en même temps à faciliter à leurs membres la vente de leurs produits. Le syndicat du Boulonnais procure ainsi des étalons et pouliches de pure race boulonnaise, celui du Calvados fait de même pour les chevaux normands : il publie un bulletin mensuel contenant les offres et les demandes.

Ces diverses indications ne sont là que pour montrer que le champ ouvert à l'application des principes coopératifs est vaste et qu'en agriculture il reste beaucoup à faire.

§ 7.— Les sociétés agricoles belges.

Le grand essor qu'ont pris ces sociétés chez nos voisins mérite d'être signalé. On a vu les tentatives que font les socialistes pour entamer les campagnes en y créant des coopératives de leur nuance, c'est pour y résister que les catholiques ont créé des sociétés agricoles. En 1901 on en comptait 449 groupant 26.000 membres et toutes affiliées à la *Ligue belge des paysans* et où l'on n'est admis qu'à condition « de reconnaître la religion, la famille et la propriété comme bases de la société ».

« Nos laiteries, écrivait un Belge, le Dr Jacques (ceci est vrai des autres sortes d'associations), sont des associations chrétiennes. Nos curés font partie de droit de leurs conseils d'administration. Ils y exercent les fonctions délicates d'arbitres et d'aumôniers. Ils président à la fête religieuse qui réunit une fois par an tous les coopérateurs. Ils sont présents à toutes les réunions et il ne se passe rien à leur insu. Ils se sont initiés aux progrès agricoles, ils discutent savamment d'engrais, d'assolement, de sélection, d'agriculture, de crédit agricole, d'assurance, de mutualité. »

Bien entendu il se trouve et en Belgique et en France des voix pour blâmer le caractère confessionnel, le caractère religieux de ces sociétés : elles sortent de la neutralité qui doit être le caractère, l'essentiel de sociétés purement économiques comme celles-là etc.

Il faut répondre, car il s'agit ici autant de la France que de la Belgique.

Et d'abord, pourquoi voudrait-on contester à des hommes de foi le droit d'avouer et de proclamer leur croyance? Croit-on que ce soit chose mauvaise à cette époque de platitude quasi générale? Et puis, qu'appelle-t-on aujourd'hui neutralité? Ce que l'on nomme ainsi, surtout dans les sphères officielles, c'est l'absence absolue de toute religion ; soyez athées, matérialistes et proclamez-le, attaquez les croyances chrétiennes; vous êtes dans la neutralité. Mais si vous vous déclarez catholiques, si vous soutenez que des croyances religieuses sont nécessaires, même au simple point de vue humain, oh! alors vous manquez à la neutralité.

De cette neutralité nous ne voulons pas et nous ne faisons qu'user de notre liberté en nous groupant même pour un objet coopératif avec ceux qui pensent comme nous.

Il y a de plus, en présence de l'attitude des socialistes, une nécessité à se déclarer, à prendre parti. Ne faut-il pas, alors que ces hommes dangereux emploient tous les moyens de propagande pour gagner à eux les gens du peuple, bien avertir ceux-ci qu'ils ont à choisir entre les associations où ils pourront garder leur ancienne foi et celles où ils ne sauraient entrer qu'en perdant leurs croyances?

Quant à ceux qui veulent écarter toute manifestation

de foi religieuse comme contraire au développement de la coopération : on ne doit voir que l'institution économique et ne s'occuper que d'elle seule, ils connaissent mal la nature humaine. Ce n'est point en abaissant ses visées, en lui donnant pour seul objectif la fondation d'une boulangerie ou d'un magasin de denrées à raison des avantages qu'ils peuvent procurer par eux-mêmes, ce n'est point ainsi qu'on obtient les qualités de persévérance, d'énergie et les sacrifices qui peuvent procurer un bon succès même à une entreprise économique. C'est parce qu'ils poursuivaient un but plus élevé et se considéraient comme des apôtres que les fondateurs de l'association parisienne des bijoutiers en doré, ou ceux de la société de Rochdale ont ou bien réussi par eux-mêmes, ou bien tracé une voie nouvelle qui a servi à tant d'autres. Il faut, en effet, en toute entreprise que l'on veut voir durer, quelque chose qui stimule et élève les âmes. L'un des hommes qui ont le mieux compris et le fond de la démocratie et ses besoins, M. de Tocqueville, l'a bien marqué[1] et voici ses paroles par lesquelles je veux terminer mon étude. Il est urgent de les rappeler en un temps où même des chrétiens gagnés par le courant d'incrédulité qui nous emporte en sont venus à penser et à dire que les croyances religieuses doivent être renfermées dans la vie intime et n'ont rien à voir sur nos actions extérieures et dans les institutions économiques.

« Tout ce qui élève et grandit l'âme la rend plus capable de réussir à celles mêmes de ses entreprises où il ne s'agit point d'elle... Il faut que l'âme reste grande et forte, ne fût-ce que pour pouvoir de temps à autre mettre sa force et sa grandeur au service du corps.

1. *Démocratie en Amérique*, t. II, IIe partie, chap. XVI.

« Si les hommes parvenaient jamais à se contenter des biens matériels, il est à croire qu'ils perdraient peu à peu l'art de les produire et qu'ils finiraient par en jouir sans discernement et sans progrès comme des brutes. »

FIN.

TABLE DES MATIÈRES

PREMIÈRE PARTIE

HISTORIQUE

DEUXIÈME PARTIE

SITUATION ACTUELLE DES SOCIÉTÉS COOPÉRATIVES

MÊME LIBRAIRIE

Le Monde Socialiste : *Les partis socialistes politiques, les Congrès socialistes politiques, les diverses formules du collectivisme,* par M. Léon de Seilhac. 1 vol. in-12. . . **3 fr. 50**

De la corruption de nos Institutions, par M. Henri Joly. 1 vol. in-12. **3 fr. 50**

Divisions de cet ouvrage :

L'Université. — La Magistrature. — L'accroissement de la criminalité et la diminution de la répression. — Assistance publique et bienfaisance privée : les enfants assistés. — La crise du mariage.

A la recherche de l'éducation correctionnelle à travers l'Europe, par M. Henri Joly. *Nouvelle édition.* 1 vol. in-12. . . . . **3 fr. 50**

La Crise sociale, par M. George Fonsegrive. 1 fort vol. in-12. . . . . **4 fr. »**

Le Socialisme contemporain, par M. l'abbé Winterer, député d'Alsace-Lorraine au Parlement allemand. *Quatrième édition revue et augmentée.* 1 vol. in-12. . . . . . . **3 fr. 50**

Que faut-il faire pour le peuple? *Esquisse d'un programme d'études sociales,* par M. l'abbé Millot, aumônier du collège Sainte-Barbe. 1 vol. in-12, de xii-518 pages. . . . . . **4 fr. »**

OUVRAGES DE M. MAX TURMANN :

Au sortir de l'École : Les Patronages. *Troisième édition revue et augmentée,* avec une lettre-préface de S. Ém. le Cardinal Lecot. 1 vol. in-12. . . . . **3 fr. 50**

Ouvrage couronné par l'Académie française.

L'Éducation populaire : *Les Œuvres complémentaires de l'école.* 1 vol. in-12. **2 fr. 50**

Ouvrage couronné par l'Académie française.

Les Associations agricoles en Belgique. 1 volume in-12. . . . . **3 fr. 50**

TYPOGRAPHIE FIRMIN-DIDOT ET Cie. — MESNIL (EURE).

www.ingramcontent.com/pod-product-compliance
Ingram Content Group UK Ltd.
Pitfield, Milton Keynes, MK11 3LW, UK
UKHW020116200726
13856UKWH00002B/574

9 782013 566186